JN051585

MATLAB
クイックスタート

MATLAB Quick Start: From Symbolic Computation to Machine Learning

数式処理から機械学習まで

FUJIWARA Takeo
藤原毅夫
［著］

東京大学出版会

MATLAB Quick Start:
From Symbolic Computation to Machine Learning
Takeo FUJIWARA

University of Tokyo Press, 2021
ISBN978-4-13-062459-6

まえがき

　数理関連技術の必要性は，数年前に比べても格段に共通認識となっています．理工系にとどまらず人文社会分野でも，あるいは一般社会の中でも少しでも技術に精通していたい，あるいは理解していてほしいという希望が共有されてきています．

　本書は，大学に入学したての学生が，講義によらず，自分だけでプログラミング言語であるMATLABを学ぶことができるようにするための最小限の手助けをしたいという思いで書いたものです．

　わが国の大学教育では，初年次にITリテラシー科目（情報倫理科目）を履修します．理工系教育のなかで，プログラミング教育は専門課程に進んでから始まるのが，これまでの標準的なやり方です．また文科系では，普通はプログラミング教育を行いません．一方で，数学や理工系の基礎科目，文系分野を含めての統計関連科目は，大学入学直後から始まります．このようなスタートラインの違いが，基礎科目と数理情報関連技術の乖離を生みつつあるように思います．機械学習や人工知能技術が進めば進むほど，技術開発と技術利用は離れるのでしょうか．

　2019年4月からは，東京大学に籍を置くすべての学部学生，大学院生，研究員，教員，職員は，MATLABを自由に利用できることになりました．私自身はその導入までに，いくつかのプログラミング言語を比較し，また欧米の先進的大学のシラバスを収集比較しました．予想外だったのは，文系分野を主たる専攻とする学生向けの標準的学習においても，プログラミング学習が初年次から要求されていることです．プログラミングの履修が専門課程に進む必須の要件であるという大学も，欧米では少なくありません．そのよ

うな検討を含めて，全学で共通して使える数理科学および技術のソフトウェアである MATLAB の導入のお手伝いをしてきました.

　MATLAB はプログラミング言語として，初学者に負荷が少なく，しかも，初習者から専門家まで，シームレスに使えます．MATLAB を導入するとなると，「入れたから，好きに使ってね」ではすみません．理系文系の学部教育の場面で考えられる典型例を作り，それに沿って手引きを書き，全学に提供しようと考え，実行しました．以上が，この『MATLAB クイックスタート』の原型を書くに至った経緯です.

　最大の目標としたのが，まずは具体的なテーマのなかで完全に動くものを提供し，学生がプログラミング言語についての知識がないことを前提として，時間をかけずに使えるようにすることです．そのため，本書はプログラムマニュアルでもない，数学書でもない形をとっています[1]．個々の分野の講義のなかで，プログラミングを教える時間はありませんから，使っていくうちに自分でもプログラムが書けるようになる，ということを目指した結果とご理解いただければ幸いです.

　プログラムは動くことを確かめてあります．これらは東京大学出版会のサポートページ（http://www.utp.or.jp/book/b550289.html）からたどれるところに置いてあり，そのまま使えます.

　MathWorks の皆様には，プログラムの書き方について，具体的にプログラムを見ていただきご意見を下さるようにお願いしました[2]．快くお引き受けいただいたうえに，細部にわたってご意見をいただくことができました．深く感謝申し上げます．もちろん，いただいたご意見に従うかどうかは著者の責任で決めていますし，著者の理解の下で書いていますので，誤りがあればすべての責任は著者にあります．またほとんどの図は出力のままのもので

---

[1] 本書の姉妹篇の刊行も予定しています．MATLAB を用いて「計算＝実験的方法」をしながら数学の基礎を学ぶことを目指しています．併読することによって，MATLAB が数学の理解を深め，豊かにする助けとなることを期待しています.

[2] 本書の作成にあたっては，MATLAB® R2020b および Simlink® R2020b を使用しました.

す.

　取り上げたテーマの選択は充分満足のいくものではないかもしれません.
この点については,読者諸兄姉のご批判をいただければ幸いです.本書が,
広い分野の読者の勉学の範囲を広げる手助けになれば,これに勝る喜びはあ
りません.

2020 年 12 月

藤原毅夫

MATLAB® および Simulink® の製品情報については，以下にお問い合わせください.
MathWorks Japan
〒 107-0052
東京都港区赤坂 4-15-1
赤坂ガーデンシティ 7 階
TEL: 03-6367-6700
FAX: 03-6367-6710
Email: info@mathworks.com
Web: https://jp.mathworks.com
購入方法：https://jp.mathworks.com/store

目　次

第 I 部

MATLAB について

第1章 MATLABを使ってみよう

1.1 本書の目的

　C，C++，Python，R（アール）などのプログラミング言語を学ぶことは，現在では多くの人にとって必要なことです．それぞれの生徒・学生がプログラミング言語を，それぞれの学習科目の中で自律的に用いることは，学生自身の理解を深めるためにも，学習の幅を広げるためにも，大変に重要です．しかし初めからすぐにそれらのプログラミング言語を学ぶように促し，講義で使うのは大変困難です．そのための一助になればと考えたのが，マニュアルの形で本書を執筆した動機です．

　以下で述べる理由により，MATLABは，分野にかかわらず学部教育に利用でき，かつ役立つツールであると考えています．本書はそのために準備したものであり，以下を基本的な原則としています．

- 学部学生は，特に講義等でMATLABの手ほどきを受けなくても，本書を自学することにより，MATLABの**基本的な利用**ができること．

- 教員は，学部学生が本書に書いてある程度のMATLAB文法の知識と技能を持っていることを期待して，講義の中でMATLABを使用できること．

- 基本的には数学の説明はしないが，学部の通常の講義では触れないものについては，解説を加える．

- 本書では，計算の広がり・可能性を示すため，数値計算だけでなく深層

学習までを含めた.

1.2 MATLABとは

1.2.1 MATLABとは何に使うプログラムか

MATLABは**スクリプト（script）言語**といわれるプログラミング言語の1つであり，またそれを用いたデスクトップ環境を備えたソフトウェアの総称です．スクリプト言語ですから，書いたプログラムをすぐにコンピュータに実行させることができ，また多様な環境で利用できる点が優れています[1]．MATLABはプログラミング言語として，初学者にとって負荷の少ないものだといえます．しかも数値計算，数式処理，統計，画像処理，信号処理，制御，さらには機械学習や深層学習のライブラリがよく揃ったソフトウェアです．それぞれのライブラリの計算の**精度と効率**が，MathWorks社により責任を持ってチェックされているのもありがたいところです．このような点からも，**初習者からスペシャリストまで，シームレスに使える**ものだといえます．

MATLABという名前はMatrix-Laboratoryを略したものです．その開発が，行列計算から出発したプログラムパッケージだからです．

1.2.2 MATLAB利用の環境

MATLABの利用方法には，PC等（Windows, Mac, Linux）にインストールしてスタンド・アローンで利用する他に，MATLAB Online™を使ってWebブラウザー上で利用する方法や，MATLAB Mobile™（モバイルアプリ）を使ってiOSやAndroid™端末で利用する方法もあります．ただし，MATLAB OnlineやMATLAB Mobileで利用できる機能には，それぞれ制限があります．

---

[1] スクリプト言語に対するプログラミング言語は，コンパイル（型）言語といわれるもので，書いたプログラムコードを計算機が理解できる**機械語**に翻訳しなくてはなりません．これがコンパイルという作業です．C, C++等が代表的なものです．

1.2.3 MATLAB の構成

　MATLAB は「MATLAB」と「ツールボックス」と呼ばれるさまざまな分野や機能に特化したオプション製品で構成されています．さらに，ブロック線図を用いてシステムをモデル化し，シミュレーションすることができる Simulink と，その機能を拡張するさまざまな製品もあります．

　基本的な数値計算に利用する場合や，ディスク容量に制限がある場合には，まずは

> MATLAB
> Curve Fitting Toolbox
> Optimization Toolbox
> Statistics and Machine Learning Toolbox
> Symbolic Math Toolbox

くらいをダウンロード，インストールして試してみるのがよいのではないでしょうか．必要に応じていつでも，利用する Toolbox を増やしていくことができます．

(a) Toolbox の名称と機能一覧

　各製品の名前とそれぞれの用途については，以下を見てください．

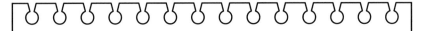

https://jp.mathworks.com/products.html

1.3　どのように MATLAB を手に入れるか

　MATLAB を手に入れるには，さまざまな手立てがあります．それを紹介しておきます．

　MATLAB および各 Toolbox のそれぞれにライセンス価格が設定されています．ライセンス形態や価格については以下のサイトで確認できます．

https://jp.mathworks.com/pricing-licensing.html

大半の製品は MathWorks ストアから購入することができ，購入後すぐに利用できます．

　学校で教育用に使用する場合には，契約の仕方により別料金が設定されていることもありますので，それを検討するのもよいのではないでしょうか．

　最近では，業務を離れた個人ユーザー向けの，MATLAB Home という形態も用意されています．

1.4　利用の準備

1.4.1　PC にインストールするには

　MATLAB をインストールするには，MathWorks Account と，そのアカウントにリンクされたライセンスが必要です．1台の PC にインストールする場合，インターネット接続を使用してインストールする方法がお薦めです．以下がその手順です．

　インストーラをダウンロードして，それをクリックすると，どの製品をダウンロードするか聞いてきます．必要な製品にチェックを入れてアイコンをクリックすればインストールが始まります．インストールが終了すると，続いてアクティベーションの手続きに入ります．アクティベーションが完了すれば準備は終わりです．PC 上に MATLAB 起動のためのアイコンが現れます．以後はインターネット接続なしでも利用可能です．

　インストール方法の詳細は、MathWorks のヘルプページを参照してください．

　　　　https://jp.mathworks.com/help/install/index.html

1.4.2　MATLAB 学習のためには

　MATLAB の使い方は以下を参照するのもよいでしょう．

MATLAB 入門： https://jp.mathworks.com/help/matlab/
getting-started-with-matlab.html

自己学習形式コース： https://matlabacademy.mathworks.com/jp

第2章 | MATLABの基礎

　MATLABのインストールが終わり起動すると，いろいろ見慣れないものが出てきます．Webを経由する場合もほぼ同じです．まず電卓並みの作業から始めてみましょう．

2.1　MATLABの起動と利用のスタート

2.1.1　MATLABの起動

　インストールが完了すると，PCの画面上にMATLABのアイコンが現れます．これをクリックしてMATLABを起動すると，複数のウィンドウ，ブラウザーが開きます．各ウィンドウ，ブラウザーの形式は，[ホーム]→[環境]→[レイアウト]あるいは[ホーム]→[設定]→[MATLAB]の中で変更できます．

- 「コマンドウィンドウ」：ここでは対話型に，コマンドを入力して結果を得ることができる．

- 「エディター」：自分が作成したファイルを編集することができる．新しい計算プログラムを作成，保存するためにもこのウィンドウを使う．

- 「ワークスペース」ブラウザー：現在使用している変数の一覧などが表示される．

- 「現在のフォルダー」ブラウザー：現在，どのフォルダーを使用しているかが表示され，またフォルダーをここで変更することもできる．

- 「コマンド履歴ウィンドウ」：コンソールから入力したコマンドが，入力

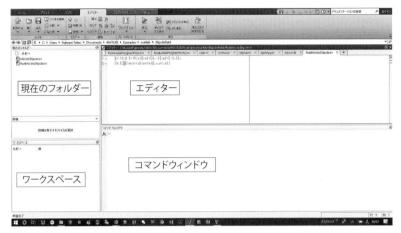

図 2.1 MATLAB を起動すると，複数の MATLAB ウィンドウ
が開く．

の順に従って表示される．

- 「Figure ウィンドウ」：図を描くと，別に開く．

2.1.2 MATLAB の使用で迷ったとき

(a) 誰かに聞く

　MATLAB を使用しているとき，どうやったらよいか，どのような関数が
用意されているかなどに迷う場合には，いろいろなやり方で調べることがで
きます：

(1) 製品付属のヘルプ文書を，（オンライン接続しない状態でも）ドキュ
　　メンテーション・キーワードで調べることができます．

(2) オンラインヘルプ．

(3) オンラインマニュアル．

(4) MATLAB ユーザーグループへの質問．

(5) ネット検索．

いずれが最も有効であるか，使いやすいかは各自で判断してください．

(2)〜(4) は，MathWorks Account が必要です．MATLAB マニュアルは以下にあります．

https://jp.mathworks.com/help/

(b) マニュアルについて

日本語マニュアルだけでなく英語マニュアルも参考にしてください．最新情報やその他の情報を得ることができるので，大変に役立ちます．

マニュアルを全部読もうと考えるのはやめましょう． むしろ**一般の web 検索**で，「**MATLAB　******」と入れると効率的にマニュアルの箇所を探すことができます．****は MATLAB のキーワードか数学の術語です．

計算をするときには，マニュアルに書いてあることを自己流に解釈せず，検算をやって自分の理解が正しいことを確かめてください．

2.2 MATLAB の有効な利用のために

2.2.1 フォントの設定を変える

ダイアログボックスを使用し，デスクトップ ツールのフォントを変更するすることができます．このダイアログボックスにアクセスするには，[ホーム] タブの [基本設定] をクリックします．そこで [MATLAB]，[フォント] を選択します．

2.2.2 MATLAB 関数のプログラムの中身を見る

タイプコマンドを使い，コマンドウィンドウで

```
type File_Name
```

とすると，MATLAB 関数を含むプログラムファイル File_Name の中をすべて見ることができます．

2.3 変数と簡単な計算

2.3.1 変数と加減乗除, べき乗, 初等関数

　コマンドウィンドウに表示されているコマンドプロンプト >> の後ろに数式等を入力し実行（Return キー）すれば, 結果が表示されます.

```
                                    ── MATLAB キー入力と出力 ──
>> a=1
a=
   1
>> b=2.5
b=
   2.5000
>> a+b
ans=
   3.5000
```

- >>がコマンドライン, その後に続く行が出力結果.

- 乗除算はそれぞれ, a*b, a/b.

- x^n は x^n と書く.

- さまざまな初等関数は既に定義されている：sin(a) など（2.6.1 項参照）.

- 複素数 $x + iy$ は x+y*1i あるいは 0.1+0.6*1i と書く. 1i（イチアイ, 定数）の代わりに i を用いても, また j を用いてもよい（x+i*y, 0.1+0.6i）が, i や j だと変数としても使えるので, 注意が必要.

- z=0.1+0.6*1i に対して複素共役は conj(z)=0.1-0.6*1i.

演算子の一覧表（2.5 節参照）は

https://jp.mathworks.com/help/matlab/matlab_prog/matlab-
operators-and-special-characters.html

にあります.

2.3.2　数値の型と精度

(a)　整数型と倍精度浮動小数点数

　MATLAB の数値クラス（型）には，符号付き整数，符号なし整数（符号の 1 ビット分を数に使えるのでそれだけ数の範囲が広がる），単精度浮動小数点数，倍精度浮動小数点数などがあります. 浮動小数点数，単精度，倍精度，整数などの許される範囲の中での数を扱うことができます. また実数値の精度も，それぞれ決められた限度があります. したがって数値の精度にも充分注意を払わないと，意味のない計算を重ねることになりますので，計算の手順（アルゴリズム）にも注意しなくてはなりません.

　倍精度浮動小数点数とは,

$$-1.79769\mathrm{e}{+}308 \quad \text{から} \quad -2.22507\mathrm{e}{-}308 \quad \text{まで}$$

および

$$2.22507\mathrm{e}{-}308 \quad \text{から} \quad 1.79769\mathrm{e}{+}308 \quad \text{まで}$$

の浮動小数点数です. 絶対値が 2.22507e−308 より小さい値, あるいは, 1.79769e+308 より大きな数を表すことはできません[1].

　符号付き 16 ビット整数は

$$-2^{15} \quad \text{から} \quad 2^{15}-1 \quad \text{まで}$$

の整数値です.

　MATLAB では，**デフォルトが倍精度浮動小数点数**となっています. しかし，コマンド double(X) や unit8(X) を用いて，任意の数や数の配列を,

---

[1] e-8 は 10 のべきを表し, $\times 10^{-8}$ のこと.

整数あるいは単精度浮動小数点数に変換することができます．そうすることにより，倍精度浮動小数点数に比べてメモリの節約になります．

- 最適化の 7.1.3 項では書き出しの際に，[double] を用いてシンボリック変数を倍精度浮動小数点数に変更しました．
- 画像圧縮の 14.2 節では実際，符号なし整数型から倍精度浮動小数点数に double を用いて変更しました．また最後 Step4 では，結果を画像ファイルに直す際に，[uint8] を用いて符号なし整数型に変換しました．

(b) 数値の出力の表現とその変更

数値の表現を決めるために，format コマンド（format long，format short，format）があります．このコマンドは表示の形を指定するもので，MATLAB の数値の計算方法や保存方法には影響しません．デフォルトでは数値は 4 桁の実数として表示されます．もちろん，計算機内の数値が変わるのではありません．さらに format と入力すれば，以降の表示はデフォルトの設定に戻ります．

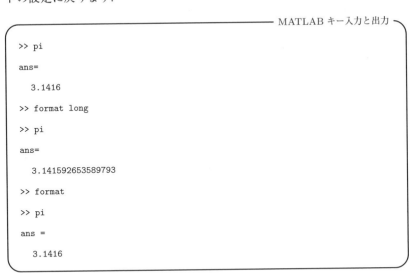

```
                                    ── MATLAB キー入力と出力 ──
>> pi

ans=

   3.1416

>> format long

>> pi

ans=

   3.141592653589793

>> format

>> pi

ans =

   3.1416
```

pi は，ユーザーが定義しないでも既に決まっている定数で，円周率 π（に最も近い浮動小数点数）を返します．

2.4 行列と行列演算

2.4.1 ベクトルおよび行列

行列（matrix）とは，数や記号などを縦と横に配列したものです．横に並んだ一筋を行，縦に並んだ一筋を列と呼びます．

1行 n 列の行列を**行ベクトル**（横ベクトル）ともいいます．n 行1列の行列は**列ベクトル**（縦ベクトル）ともいいます．

行列については，もう少し先でさらに説明しますが，ここでは以下のように数を並べたものと理解しておきます．MATLABでは，計算効率の向上のために行列を多用します．

- 行列の定義：各要素はコンマ (,) またはスペース（空白）で区切る．

- セミコロン (;) で区切ると，次の行に移ることを示す．

この規則に従って行列を入力してみましょう．

```
――――――――――――――――――― MATLAB キー入力と出力 ――

>> A=[1 2 3;6 5 4; 7 7 8]
A=

   1   2   3
   6   5   4
   7   7   8
```

同じ行列 A について作業を進めます．以下は簡単な行列の入力等の例です．

```
                                            ─ MATLAB キー入力と出力 ─
>> A.'

ans=

   1   6   7

   2   5   7

   3   4   8

>> inv(A)

ans =

 -1.7143   -0.7143    1.0000

  2.8571    1.8571   -2.0000

 -1.0000   -1.0000    1.0000
```

まとめると以下のようになります.

- 行列を転置するにはドットダッシュ (.') を付ける. これは**数学の記号**
  (上付きの t または T) とは異なる[2)].

- 行列のエルミート共役 (すべての要素の複素共役をとり, かつ転置を行
  う) をとるにはダッシュ (') を付ける. 実行列 (要素がすべて実数であ
  る行列) ではドットダッシュ (.') と同じ. これは**数学の記号 (上付き**
  の*) とは異なる.

- A の**逆行列**[3)]は inv(A) と入力する. 逆行列を直接計算すると, 一般に,
  計算が遅くなったりあるいは精度が落ちるので注意を要する.

- eye(n) と書くと, $n \times n$ の**単位行列** (対角要素がすべて 1, 他の要素は
  すべて 0 である行列) が得られる.

- zeros(n) と書くと, $n \times n$ の**ゼロ行列** (すべての要素が 0 である行列)
  が得られる.

---

2) 行列 A の ij 要素を a_{ij} と書いたとき, ij 要素が a_{ji} である行列を A の**転置行列**という.

3) 行列 A を $n \times n$ 行列とする. $n \times n$ の単位行列を E と書いて, $AB = BA = E$ となる
   $n \times n$ 行列 B を A の逆行列という.

- 行ベクトルは1行 n 列の行列として定義する.

- 列ベクトルは n 行1列の行列として定義するか, あるいは行ベクトル を転置する.

2.4.2　行列演算

MATLABでは行列が重要な役割を果たします.

行列 A を定義します.

- 行列 A の (i, j) 要素を A(i,j) と書く.

- A+10 は, A の各要素に 10 が足される. (A+10) の (i, j) 要素は A(i,j) +10. これは数学での規則とは異なる.

―――――――――――――――――――――――― MATLAB キー入力と出力 ―

```
>> A=[1 2; 5 3]
A=

   1    2
   5    3
>> A(1,2)
ans=

   2
>> A+10
ans=

   11    12
   15    13
```

行列 A に加えて行列 B を定義し, 2種類の掛け算を実行してみます.

```
                                          ─ MATLAB キー入力と出力 ─
>> B=[2 4; 1 3]
B=
   2    4
   1    3
>> A*B
ans=
   4    10
  13    29
>> A.*B
ans=
   2    8
   5    9
```

- A を $l \times m$ 行列，B を $m \times n$ 行列としたとき，A*B は通常の行列の掛け算であり，$l \times n$ 行列である：

$$(A*B)_{ij} = \sum_{k=1}^{m} A(i,k)*B(k,j)$$

一方，演算 A.*B は要素ごとの掛け算

$$(A.*B)_{ij} = A(i,j)*B(i,j)$$

である．これを特に**アダマール積** (Hadamard product) または**シュール積**という．ここ，および以下の MATLAB の記述では，本来 A(i,j) と書くべきところを A_{ij} と書いていることがある．表記がむしろ煩雑になるのを避けるためである．

- ベクトルについても同様である．ベクトル同士の掛け算では，「横ベクトル*縦ベクトル」は，その大きさが同じならば可である．縦ベクトルを転置した横ベクトルと，もとの縦ベクトルの内積は，ベクトルの長さの 2 乗を与える．「横ベクトル .*横ベクトル」，「縦ベクトル .*縦ベクト

ル」はそれぞれのベクトルの大きさが揃っていれば可だが，意味は異なり，要素ごとの掛け算となる．

- .^ および ./ も同様な要素ごとの演算である．これを**アダマールべき** (Hadamard power)，**アダマール除算** (Hadamard division) と呼ぶ．

アダマール積などは注意しなくてはなりませんが，慣れると便利です．

MATLABで A.^(-1) と A^(-1) は違うものです．

```
                                    ─── MATLAB キー入力と出力 ─
  >> A.^(-1)
  ans =
    1.0000    0.5000
    0.2000    0.3333
  >> A^(-1)
  ans =
   -0.4286    0.2857
    0.7143   -0.1429
```

これらがどういうものであるかは，もう特段説明は不要でしょう．

また 1/A と入れると次のように返ってきます．

```
                                    ─── MATLAB キー入力と出力 ─
  >> 1/A
  エラー： /
  行列の次元は一致しなければなりません．
```

これも上に説明したことからすぐに理解できるはずです．
一方こちらは許されます：

```
                                              ── MATLAB キー入力と出力 ─
  >> 1./A
  ans =
    1.0000     0.5000
    0.2000     0.3333
```

さらにもう少し行列を含んだ演算を進めてみましょう．数学でも，指数
関数あるいは三角関数などの中に行列が入った式が出てきます．MATLAB
について sin(A) などについて，既に定義した行列 A について計算を進めま
す．

```
                                              ── MATLAB キー入力と出力 ─
  >> sin(A)
  ans=
    0.8415     0.9093
   -0.9589     0.1411
  >> B=[sin(1) sin(2); sin(5) sin(3)]
  ans=
    0.8415     0.9093
   -0.9589     0.1411
  >> B==sin(A)
  ans =
    2×2 の logical 配列
    1 1
    1 1
```

- B=sin(A) の各要素 B(i,j) は

$$sin(A(i,j))$$

となる．詳しくは**行列関数** 4.3 節を参照．

- 行列 A, B に対して [A,B] あるいは [A　B]（A と B の間にはスペース）は，行列 A と B を連結させ，A と B を横に並べた行列.

- [A;B] は，行列 A と B を連結させ，A と B を縦に並べた行列.

```
                                      ── MATLAB キー入力と出力 ─
  >> [A B]

  ans =

    1.0000    2.0000    0.8415    0.9093

    5.0000    3.0000   -0.9589    0.1411
```

また途中で使った B==sin(A) は，B と sin(A) は等しいか，という**関係演算子**（**Relational Operator**）（2.5.2 項参照）といわれるものです．等しい要素のところは 1，異なる要素のところは 0 を返します．後で出てきますが，「f(x)==0」は「恒等的に $f(x) = 0$ という関係が成り立つ」という意味になります．

2.5 基礎文法について

MATLAB の文法を，具体的な問題と無関係に並べてもあまり面白いものではありません．本書の目的は，そのような従来型の構成と異なり，個々の問題に即してまず第一歩を踏み出してみよう，というものです．

しかしそうはいっても，いくつかの重要な事項は説明しておかねばなりません．またなるべく早く MATLAB の利点をつかんでほしいと思い，いくつかのポイントのみ抜き出してみました．

2.5.1 算術演算子

加算+，減算-，乗算*，除算/，べき乗^n，丸め操作

などの一般的な演算を**算術演算**（**Arithmetic Operation**）といいます．既に出てきたような，通常の行列の演算とアダマールのタイプの演算（要素ごとの計算）乗算 .*，除算 ./，べき乗 .^n があり，きちんと意識して用いなくてはなりません．

「算術演算」(Arithmetic Operation) と入力して検索すればその一覧と説明が得られます.

2.5.2 関係演算子

==	(恒等的に等しい)
~=	(等しくない)
>	(大きい)
>=	(等しいか大きい)
<	(小さい)
<=	(等しいか小さい)

など関係を表す記号を**関係演算子 (Relational Operator)** といいます. 配列の比較を行えば,配列の対応する要素ごとの比較を行い,同じサイズの配列を返します.各要素は対応する要素ごとに,関係が真 (1) か偽 (0) かを示します.「a==b」として,a と b とを比較する場合,整数型であれば有効です.しかし実数同士の比較では,桁落ちとか機械精度での誤差などを含むため,むしろ 2 つの実数の差 a-b を評価するべきです.

「関係演算子」(Relational Operator) と入力して検索すればその一覧と説明が得られます.

2.5.3 論理演算子

論理演算 logical(a) は,数値 a を論理値 0,1 に変換します:ゼロでない値は 1 に,ゼロは 0 になります:

```
                                    ── MATLAB 論理演算 ──
  >> a=0.1;
  >> b=0.0;
  >> logical(a)
    ans =
      logical
        1
```

a は 0 でないので,logical(a)=1 です.

関係演算子&，|，~ は次のような働きをします.

& (and)：論理 AND：命題 A および命題 B に対して「A かつ B」が成り立つとき真 (1)，成り立たないとき偽 (0)，

| (or)：論理 OR：「A または B」が成り立つとき真 (1)，成り立たないとき偽，

not または ~ ：~ A と書く. 命題 A が成り立たないとき真 (1)，成り立つとき偽 (0).

```
―――――――――――――――― MATLAB 論理演算　（つづき）―
>> a & b
  ans =
   logical
    0
>> a | b
  ans =
   logical
    1
>> ~ a
  ans =
   logical
    0
```

論理演算（Logocal Operation）と入力して検索すればその一覧と説明が得られます.

2.5.4　if 文

「もし A が真ならば B を実行せよ，偽であれば C を実行せよ」という**条件実行文**です.

構文の例を示しましょう.

```
                                             ─── MATLAB if 文の構造 ──
   a = randi(100, 1)

   if a < 50

     disp('small')

   else

     disp('large')

   end
```

- a = randi(imax,n) は区間 [1,imax] の離散一様分布から取り出される
  整数の疑似乱数が格納された n 行 n 列の行列を返します.
  a = randi(imax,1) と a = randi(imax) とは同じで,区間 [1,imax]
  の離散一様分布した整数の擬似乱数を（n=1 なので）1 つ返します.

- a = rand(n) は区間（0,1）の一様分布から取り出される実数の擬似乱
  数が格納された n 行 n 列の行列を返します.

2.5.5　for 文

　条件が真である間だけ,与えられた実行文を繰り返すための文（ループ
文）です.MATLAB ではループ処理よりもっと効率のよい方法がありえ
ます.言い換えると,ループ処理「for 文」を避ければ,他のスクリプト言
語,プログラミング言語では見られない,速い処理スピードが得られること
があります.

　for 文の例を示します.

```
                                            ─── MATLAB for 文の構造 ──
     for n=1:1:10

       a=n

     end
```

MATLAB では,**計算の手順をベクトルあるいは行列演算にすること**を薦め
ます.詳しくは第 17 章で説明します.

　次のコードは三角関数表を作るものです.これを for 文とベクトル演算の

両方で実行しその計算時間を測りました．tic と toc とで挟んだ間の時間経過を測ります（下の日本語部分のみが出力です）．

```
                                    ── MATLAB for 文とベクトル演算の比較 ─

 >> x = 0;

 tic

 for k = 1:1000000;

   x=x+0.000001;

   sin(x);

 end

 toc

        経過時間は 0.142899 秒です．

 >> tic

 x =.01:0.000001:1;

 sin(x);

 toc

        経過時間は 0.017330 秒です．
```

経過時間そのものは著者のPCの時間です．PCの機種やその時々にバックグラウンドで何が動いているかにも依存しますので，この数字そのものに絶対的な意味はありません．しかし，計算に要する時間が計算方法によって簡単に数倍になってしまうこと，またMATLABがどのような計算に特徴を発揮するかがわかるでしょう．

　さらに複雑なコードに対しては，マルチスレッドやベクトル化の効果が常に顕著に現れるとは限りません（第17章）．

2.6　関数

2.6.1　初等関数，特殊関数

　以下の関数は，MATLABに組み込まれています：

- 初等関数（三角関数，指数関数，対数関数，複素数，丸め，剰余，離散

数学など）：「数学関数」「初等関数」で検索可.

- ベッセル関数，ルジャンドル関数，ガンマ関数，ベータ関数，誤差関数，楕円関数，ゼータ関数，超幾何関数，合流型超幾何関数その他の特殊関数：「特殊関数」あるいは個別の名称で検索可.

- 特殊な行列，たとえばアダマール行列，ヒルベルト行列，テプリッツ行列，ヴァンデルモンド行列など. 個別名称で検索可.

2.6.2　無名関数（Anonymous Function）

名前付けしないで定義された関数を，無名関数といいます（いろいろなプログラミング言語で用いられます）. たとえば次のように

```
f=@(x,y) x.^2+x.*y+y.^3
```

と書き，その要点は以下の通りです.

@演算子でひとまとめの関数を作成し，また@演算子の直後にある（　）で関数を定義する変数を定義します. 一度だけ使う関数にはわざわざ名前を付ける必要がありませんから便利です.

これについては 3.1.3 項 およびそれ以降で例を見ます.

2.6.3　シンボリック関数

シンボリック変数（5.1 節）を使って，シンボリック関数（5.2 節）を定義する方法もあります.

シンボリック関数を使うときには，その前にシンボリック変数を定義しておかねばなりません. たとえば x, y を先にシンボリック変数として定義したあと，次のように書きます：

```
f(x,y)= x.^2+x.*y+y.^3
```

2.6.4　ファイルで定義する関数

スクリプト内で（あるいはコマンドラインで）関数を定義して，関数を引用することができます.

まずスクリプトを利用して関数を定義するファイルを用意します（第 6 章）. 関数名を ABCDE とすればそのファイル名は ABCDE.m とします.

```
──────────── MATLAB ファンクションファイル AngleToRadian.m ─

function y=AngleToRadian(x)

y=x*pi/180.0

end
```

このファイルの置いてあるフォルダー（が「現在のフォルダー」の中に見え
るようにして）で次のように（たとえばコマンドウィンドウから）タイプイ
ンします.

```
──────────── MATLAB ファンクションファイルの呼び出し ─

>> AngleToRadian(90)

 ans =

   1.5708
```

$90°= 0.5 * \pi$ ラジアンです. 同じフォルダーにスクリプトファイルを置い
て, それから呼び出すこともできます.
　メインのファイルの末尾にいくつかの関数を含めることもできます.

```
──────────── MATLAB 関数を含むスクリプトファイルの定義 ─

x = 5; y = 2;
z = comb(x,y)

function c=comb(x,y)
c = fact(x)/perm(x,y);
end

function p = perm(n,m)
p = fact(n-m)*fact(m);
end

function f = fact(n)

f = prod(1:n);

end
```

　prod は組込み関数です. A がベクトルの場合, prod(A) はその要素の積
を返します. したがって prod(1:n) は n! です.
　関数を定義するファイルの利用例は第 6 章, 7.1.3 項, 9.1.2 項にもあります.

第3章 | グラフ

3.1 MATLABの描画機能

計算結果をグラフに描くことができれば，一層の理解が進みます．また，詳細な計算や証明をする前にザックリとした絵を描いてみることは大変に有用です．ですから，計算の結果や証明したい事柄をグラフにしてみることを勧めます．

いろいろな場合を図にするとき，手作業で実行するのは面倒くさいものです．著者が研究のキャリアをスタートした約50年前には，そうせざるをえませんでした．コンピュータプログラムでこれが実行できるようになって，作業が著しく楽になりました．しかし，同時にグラフの意味するところを時間をかけて吟味することが疎かになったような気がします．以前は手間をかけてグラフを描きながら，無意識のうちにいろいろなことを考えていたということなのでしょう．考えることに時間をとるよう，心しておかなくてはなりません．

3.1.1 グラフの種類

プロットルーチンにはx軸，y軸を共に**線形**とするものの他，**片対数**プロットである `semilogx`, `semilogy`，**両対数**プロットである `loglog` があります．指数関数として振る舞うことが期待されるときは片対数プロット，ベキ関数のように振る舞うことが期待されるときは，両対数プロットを選びます．さらに関数の値が何桁にもわたって変化するときにも，対数プロットは有用です．

また線の**種類**，**太さと色**，**マーカー付与**，などを選ぶことができます．さ

らに軸に**軸ラベル**を書くことや凡例表示，**図のタイトル**なども書くこともできます．

　プロットは，$y = f(x)$ の関係を2次元グラフに描画する他，目的によりさまざまなものがあります．

- 等高線図

- 曲面

- 3次元空間のベクトル図（矢印入り）

などなどです．ここではそれらを1つ1つ例示はしませんが，インターネットで

　　　MATLAB　プロットのタイプ

と検索してみてください．次のようなサイトが見つかるでしょう．

https://jp.mathworks.com/help/matlab/creating_plots/types-of-matlab-plots.html

　この中から必要なタイプのものを選ぶとよいでしょう．

3.1.2　2次元プロット

　最も一般的な2次元プロットについて述べてみましょう．これは独立変数 x に対する関数 $f(x)$ の振る舞いを図にします．

―― MATLAB キー入力と出力 ―

```
>> x=[0:0.1:2*pi];
>> y=[sin(x);cos(x)];
>> plot(x,y(1,:),'*',x,y(2,:))
>> legend('sin(x)','cos(x)','FontSize',15)
```

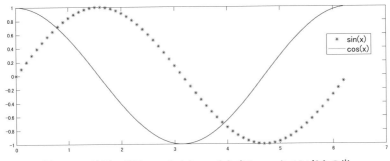

図 3.1 2 次元のグラフ；$\sin(x)$, $\cos(x)$（Figure ウィンドウの出力）．

- 変数 x はベクトルとして定義．[0:0.1:2*pi] は，0 から 2π まで 0.1 刻みで与えるということ．x がベクトルであるから sin(x), cos(x) は同じサイズのベクトルとして定義される（行列演算 2.4.2 項）．ベクトルの形で定義することにより，変化する変数の定義が簡単になる．

- 最後の描画コマンド plot(x,y) は 2 次元の点 (x(i),y(i)) ($i = 1\cdots$) の間を直線でつなぐ，2 次元プロットのためのコマンド．'*' はマーカーの指定．legend は凡例．

- clf コマンドで Figure ウィンドウはクリアされる．

描画結果は図 3.1 に示します．

3.1.3 陰関数プロット

fimplicit を用いて陰関数プロットも大変簡単にできます．

```
                                        ┌──── MATLAB キー入力と出力 ──┐
>> f=@(x,y) x.^2+x.*y+2*y.^2-1;

>> fimplicit(f,[-1.5 1.5 -1.0 1.0])

>> daspect([1 1 1])
```

- f = @(x,y) x.^ 2 + x.*y+2*y.^ 2 - 1 で (x,y) を変数とした関数 f（無名関数，Anonymous Function）が定義される．次の fimplicit

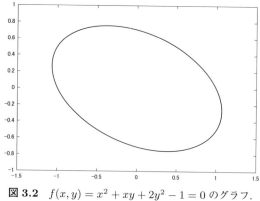

図 3.2 $f(x,y) = x^2 + xy + 2y^2 - 1 = 0$ のグラフ.

で決めている x, y がベクトルであるから，ここは x^2 ではなく，x.^2 などとする.

- `fimplicit(f,[-1.5 1.5 -1.0 1.0])`：方程式 $f(x,y) = 0$ が決める曲線 (x,y) を $-1.5 \leq x \leq 1.5$, $-1.0 \leq y \leq 1.0$ の範囲で描く（図 3.2）.

  `daspect([1 1 1])`：縦横高さの比（アスペクト比）を 1:1:1 に固定.

3.1.4 3次元プロット

3次元空間で，上昇とともに半径が拡大する渦を描いてみましょう.

```
──────────────── MATLAB キー入力と出力 ─
>> z=0:pi/50:10*pi;
>> sx=z.*sin(z);
>> cy=z.*cos(z);
>> plot3(sx,cy,z)
```

- `plot3(x, y, z)` は3次元座標データ (x(i), y(i), z(i)) をつなぐ（図 3.3）.

- プロットされたデータは，**マウスの操作によりズーム，移動，回転**など

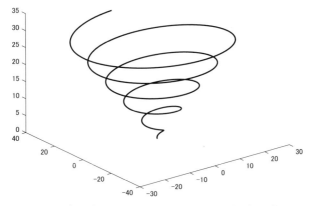

図 3.3 3 次元プロット. $(z * \sin(z), z * \cos(z), z)$ のグラフ.

ができる. 3 次元グラフをさまざまな方向から見るなどして, よりよい理解を得ることが可能.

3.2 グラフを描く意味

関数の性質を知るために, その関数を可視化してみることは大いに意味があります. 数学的命題を考える際, 証明という方法が重要ですし, 必要です. 証明という段階がなくても, 図に描けば充分であるというわけではありません. 図を描いただけでは, 特別の場合を見落とすこともあります. しかし証明の前に, 可視化という手順で性質を把握するのは, 実際的であり, 証明のための重要な指針を得るという点からも役立ちます.

3.2.1 関数の極限, 収束性の振る舞いを見る

対数関数 $y = \log x$ は $x = \exp y$ の逆関数として定義されます.

$$\lim_{x \to 0+} \log x = -\infty , \quad \lim_{x \to \infty} \log x = +\infty$$

はよく知られた性質です. それでは $\alpha, \beta > 0$ としたとき

$$\lim_{x \to 0+} x^{\alpha} \log x , \quad \lim_{x \to \infty} x^{-\beta} \log x$$

はどうなるでしょう. 極限値を持つのでしょうか.

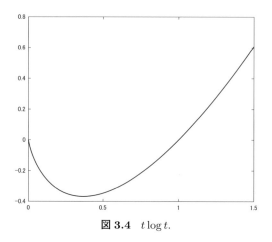

図 3.4 $t \log t$.

　最初の $\displaystyle\lim_{x \to 0+} x^{\alpha} \log x$ については $t = x^{\alpha}$ と置くと

$$x^{\alpha} \log x = \frac{1}{\alpha} t \log t$$

です ($x \sim 0+$ では $t \sim 0+$). 同様に $t = x^{-\beta}$ と置けば

$$x^{-\beta} \log x = -\frac{1}{\beta} t \log t$$

です ($x \sim +\infty$ では $t \sim 0+$). このことから, $\displaystyle\lim_{x \to 0+} x^{\alpha} \log x$ でも, あるいは $\displaystyle\lim_{x \to \infty} x^{-\beta} \log x$ の場合でも, $t \log t$ の $t \to 0+$ での振る舞いが問題であることがわかります (図 3.4). 加えて図 3.4 で $\displaystyle\lim_{t \to 0} t \log t = 0$ であるので, いずれも極限値は 0 であることもわかります. これを式で書くと以下のようになります.

　$u = \log t$ と置けば $t = \mathrm{e}^{u}$ ですから

$$t \log t = u\mathrm{e}^{u}$$

です. $x \to 0+ \, (t \to 0+)$ および $x \to \infty (t \to 0+)$ のいずれでも $u \to -\infty$ であり, 上式の e^{u} が (u に比べて) はるかに速く 0 となるので

$$\lim_{u \to -\infty} u\mathrm{e}^{u} = 0$$

です. こうして $\alpha, \, \beta > 0$ としたとき

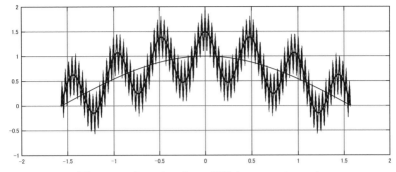

図 3.5 ワイエルシュトラス関数 $(a = 0.5, \ b = 13)$.

$$\lim_{x \to 0+} x^\alpha \log x = 0 \ , \quad \lim_{x \to \infty} x^{-\beta} \log x = 0$$

という極限値を持ちます. つまり $|\log x|$ は, $x \to 0+$ で x のどんな負べき
よりゆっくりと無限大になり, $x \to +\infty$ で x のどんな正べきよりゆっくり
と無限大になるのです.

　上のようにして式で示すのが一般的ですが, その前にここでやったように
図に描いてみると, よくわかるのではないでしょうか.

3.2.2　関数の大局的な振る舞いを見る

　きちんと証明するのは難しくても, 関数の性質を大摑みに理解したいとき
にも図は大変有用です. ワイエルシュトラス関数 (Weierstrass)

$$f(x) = \sum_{n=0}^{\infty} a^n \cos(b^n x) \ , \quad (0 < a < 1, \ b は奇数, \ ab > 1 + \frac{3\pi}{2})$$

を考えてみましょう. これは「いたるところで連続であるがいたるところで
微分不可能な関数」として知られています.

　この級数が「いたるところで連続である」ことは, $|a^n \cos(b^n x)| \le |a|^n$,
$|a| < 1$ であることからこの無限級数が収束することがいえ, したがって一
様連続であることがわかります.

　「いたるところで微分不可能」であることは図に描けば理解できます (図
3.5).

```
                                            MATLAB スクリプト
syms x n N
a=0.5; b=13.0;
f(x,N)=symsum(a^n*cos(b^n*x),n,0,N)
fplot(f(x,0));grid on
xlim([-pi/2, pi/2]);
hold on
fplot(f(x,1),'LineWidth',1);grid on
hold on
fplot(f(x,2));
hold on
fplot(f(x,10),'MeshDensity',50);grid on
ha1 = gca; ha1.LineWidth = 1;
```

- 部分和に対して，コマンド symsum を用いて定義している．シンボリック関数に対しては fplot を使う．

- 最終行は軸の太さの調整．

- ここのプログラムは，第6章で述べるスクリプトの形式で書いている．

第 II 部

対話型利用——電卓のように

第4章 | 線形代数——初級編

4.1 連立1次方程式

4.1.1 逆行列の計算

連立1次方程式

$$\begin{cases} a_{11}x_1 + a_{12}x_2 + a_{13}x_3 = b_1 \\ a_{21}x_1 + a_{22}x_2 + a_{23}x_3 = b_2 \\ a_{31}x_1 + a_{32}x_2 + a_{33}x_3 = b_3 \end{cases}$$

は，行列とベクトルを用いて次のように書けます：

$$A\boldsymbol{x} = \boldsymbol{b} ,$$

$$A = \begin{pmatrix} a_{11} & a_{12} & a_{13} \\ a_{21} & a_{22} & a_{23} \\ a_{31} & a_{32} & a_{33} \end{pmatrix} , \quad \boldsymbol{x} = \begin{pmatrix} x_1 \\ x_2 \\ x_3 \end{pmatrix} , \quad \boldsymbol{b} = \begin{pmatrix} b_1 \\ b_2 \\ b_3 \end{pmatrix} .$$

一般に，n 元連立方程式に関しては，A は $n \times n$ 行列，$\boldsymbol{x}$, $\boldsymbol{b}$ は n 次元縦ベクトルです．この連立1次方程式が自明でない解（すなわち $\boldsymbol{x} \neq \boldsymbol{0}$）を持つためには，行列 A の階数 (rank) が n に等しくなくてはなりません．

```
─────────────────────────────── MATLAB キー入力と出力 ─
>> A=[7 6 0; 7 1 2; 3 7 0]

   A=

      7    6    0

      7    1    2

      3    7    0

>> rank(A)

   ans=

      3
```

与えられた行列 A の階数が $n = 3$ であることが確かめられましたから，A の逆行列 A^{-1} が存在することが保証されます．

```
─────────────────────────────── MATLAB キー入力と出力 ─
>> Ai=inv(A)

   Ai=

      0.2258   -0.0000   -0.1935

     -0.0968   -0.0000    0.2258

     -0.7419    0.5000    0.5645
```

$A\boldsymbol{x} = \boldsymbol{b}$ に左から逆行列 A^{-1} を掛けて次式を得ます[1]．

$$\boldsymbol{x} = A^{-1}\boldsymbol{b}.$$

$b_1 = 1,\ b_2 = 2,\ b_3 = 3$ とすれば，解は次のように求められます．

---

[1]実際の計算では，A の逆行列を求めて $\boldsymbol{b}$ に掛けるという方法は避けるべきです．その理由は，逆行列を直接計算するという方法は計算時間の面からもまた精度の面からいっても，問題があるからです．この問題は後で触れることにします．

```
┌──────────────────────── MATLAB キー入力と出力 ──┐

>> Ai*[1; 2; 3]

    ans =

      -0.3548

       0.5806

       1.9516

└────────────────────────────────────────────────┘
```

4.1.2　連立 1 次方程式の MATLAB における適切な解法

連立方程式

$$A\boldsymbol{x} = \boldsymbol{b}$$

を解く場合，上のように逆行列 A^{-1} を inv(A) により計算し，それを $\boldsymbol{b}$ に掛けて $\boldsymbol{x} = A^{-1}\boldsymbol{b}$ を求めるのは奨められる方法ではありません．適切な方法は

```
┌──────────────────────────── MATLAB 入力 ──┐

>> x=A\b

└────────────────────────────────────────────┘
```

あるいは

```
┌──────────────────────────── MATLAB 入力 ──┐

>> x=linsolve(A,b)

└────────────────────────────────────────────┘
```

です．ここではどのようなアルゴリズムを用いるか説明しません（第 11 章を参照）が，行列の扱いは，精度と計算時間が最も典型的に計算手順に依存します．linsolve はいくつかのアルゴリズムの中から最適のものを選んで計算を実行します．逆行列 A^{-1} を計算してその後で $\boldsymbol{b}$ に掛けることは，精度と計算時間の点からいって非効率な方法です．

4.2　固有値および固有ベクトル

$n \times n$ 行列 A に対して次式が与えられたとします．

$$(A - \lambda E)\boldsymbol{x} = \boldsymbol{0} .$$

これは n 個の変数 $(x_1, x_2, \cdots, x_n)$ を持った n 元の連立 1 次方程式です.
λ は未知数, E は $n \times n$ 単位行列, $\boldsymbol{x}$ は縦行列です:$\boldsymbol{x} = (x_1, x_2, \cdots, x_n)^T$.
これから λ(**固有値**)とそれに対応した $\boldsymbol{x}$(**固有ベクトル**)を求めよという
のが問題です.

　この問題において自明でない解 $\boldsymbol{x} \neq \boldsymbol{0}$ が存在するためには,$(A - \lambda E)$ が
逆行列を持たないことが**必要十分**です. したがって自明でない解が存在する
ための必要十分条件は

$$\det(A - \lambda E) = 0$$

となります. 言い換えれば, この方程式が成り立つための λ を定め, 同時
にそのときの $\boldsymbol{x}$ を求めます. λ を**固有値**, $\boldsymbol{x}$ を**固有ベクトル**といいます.

─────── MATLAB キー入力と出力 ───────

```
>> A=[9 7 0; 2 3 0; 7 5 5]

   A=

      9    7    0

      2    3    0

      7    5    5

>> rank(A)

   ans=

      3

>> eig(A)

   ans=

      5.0000

      1.2042

     10.7958
```

rank(A) ＝ 3 ですから, 対角化可能で 3 つの固有値が求まります.

● e ＝ eig(A) は, 正方行列 A の固有値を要素とする列ベクトル e を返

す.

```
                                          ── MATLAB キー入力と出力 ──
>> [V,D]=eig(A)

    V =

           0     0.6479    -0.5672

           0    -0.7215    -0.1455

      1.0000   -0.2443    -0.8106

    D =

      5.0000         0          0

           0    1.2042          0

           0         0    10.7958

>> A*V-V*D

    ans =

    1.0e-14 *

      0     0.0666          0

      0    -0.0333    -0.0222

      0    -0.0111    -0.1776
```

- [V,D] = eig(A) は，固有値からなる対角行列 D と，対応する右固有ベクトルを列に持つ行列 V を返す.

- さらに A, V, D の間には関係

$$AV = VD$$

  が成り立つことも確かめられた．ここで A*V==V*D として等しいことを確認しようとすると，微小な誤差のため論理的「真」が得られない.

- 大きな行列に対しては，固有値をすべて求めるのではなく絶対値の大きな順に k 個だけ求めたいということもある．そのときには

      eigs(A,k)

  とする.

式 $AV = VD$ を変形すると

$$D = V^{-1}AV$$

を得ます. つまり, 右固有ベクトルを列に持つ行列 V は A を対角化する**変換行列**です.

4.3　行列関数（matrix functions）

4.3.1　行列関数とは

MATLAB では行列 A が関係する指数関数 exp(A), 三角関数 sin(A), cos(A) などと書くと, 2.4.2 項で説明したように, 要素ごとの計算をします. 一方, 数学（線形代数）では, 行列 A に対して, 指数関数 $\exp(A)$, 三角関数 $\sin(A)$, $\cos(A)$ などを次のように定義します.

$$A^n = \overbrace{AA\cdots A}^{n\, \text{個の}\, A}$$
$$\mathrm{e}^A = E + A + \frac{1}{2!}A^2 + \cdots + \frac{1}{n!}A^n + \cdots$$
$$\sin A = A + \frac{1}{3!}A^3 + \cdots + \frac{1}{(2n+1)!}A^{2n+1} + \cdots$$
$$\cos A = E + \frac{1}{2!}A^2 + \cdots + \frac{1}{(2n)!}A^{2n} + \cdots$$

これらのように「行列を変数に持つ関数」を, MTLAB では行列関数（行列値関数, Matrix Functions, Matrix-Valued Functions）と呼びます.

4.3.2　行列関数の計算

x をスカラー変数とし, $f(x)$ が 4.3.1 項で例に出したような級数展開された関数であると仮定します. また対角行列 D を用いて, 行列 A は

$$A = PDP^{-1} , \quad (P^{-1}AP = D)$$

と表すことができるとします（対角化と変換行列）:

$$D = \begin{pmatrix} d_1 & \cdots & 0 \\ \vdots & \ddots & \vdots \\ 0 & \cdots & d_n \end{pmatrix}.$$

このとき行列関数 $f(A)$ は，固有値 $d_1, d_2, \cdots, d_n$ を用いて，次のように計算できます：

$$f(A) = P \begin{pmatrix} f(d_1) & \cdots & 0 \\ \vdots & \ddots & \vdots \\ 0 & \cdots & f(d_n) \end{pmatrix} P^{-1}$$

実際にこれを実行してみましょう．

```
                                        ┌─ MATLAB キー入力と出力 ─┐

   >> A=[0.8 0.3; 0.2 0.7];

   >> syms f(x)

   >> f(x)=exp(x);

   >> [P, D]=eig(A)

     P =

       0.8321    -0.7071

       0.5547     0.7071

     D =

       1.0000    0

       0        0.5000

   >> F=P*[f(1)  0;0  f(0.5)]*inv(P)

     F =

     [ (3*exp(1))/5 + (2*exp(1/2))/5,   (3*exp(1))/5 - (3*exp(1/2))/5]

     [ (2*exp(1))/5 - (2*exp(1/2))/5,   (2*exp(1))/5 + (3*exp(1/2))/5]
```

syms f(x) はシンボリック変数の宣言です．次章を参照してください．

　MATLAB では，行列関数 $f(A)$ のための計算ルーチン funm(A,f) が用意されています．行列関数として，指数関数や三角関数を計算するときには，これを用います．

```
————————————— MATLAB キー入力と出力 ———

>> syms f(x);

>> f(x)=exp(x);

>> A=[0.8  0.3; 0.2  0.7];

>> F = funm(A,f)

  F =

  [ (3*exp(1))/5 + (2*exp(1/2))/5,   (3*exp(1))/5 - (3*exp(1/2))/5]

  [ (2*exp(1))/5 - (2*exp(1/2))/5,   (2*exp(1))/5 + (3*exp(1/2))/5]

  >> double(F)

ans=

    2.2905     0.6414

    0.4278     2.0765
```

ここで各行の後ろに；（セミコロン）を書くと出力の表示がなされません.
わかり切った結果が返ってくるだけで不要なので，このようにしました.
また F の値を数値として表現するために double を用いました.

　行列関数としての指数関数，対数関数，2分の1乗については expm, logm,
sqrtm が用意されています.

```
————————————— MATLAB キー入力と出力 ———

  >> expm(A)

ans=

  2.2905     0.6417

  0.4278     2.0765
```

これが F = funm(A,f) によって求めたものと同じであることは，上と比較
して確かめることができます.

第5章 | シンボリック演算（数式処理）

MATLAB はシンボリック演算（数式処理，Symbolic Computation, Computer Algebra）の機能も備えています．数式処理の分野は現在ではより広く，**計算機数学（Computer Mathematics）** とも呼ばれます．

シンボリック演算を行うには，最初に変数や行列，関数が記号であることを宣言します．これには Symbolic Math Toolbox が必要です．

5.1 シンボリック変数とシンボリック演算

5.1.1 シンボリック変数の定義とシンボリックな処理

シンボリック変数の宣言には，syms x または y = sym('y') を用います．

──────── MATLAB キー入力と出力 ────────

```
>> syms x
>> expand((x+1)^3)
   ans =
     x^3 + 3*x^2 + 3*x + 1
>> y=sym('y')
>> simplify(y^3+3*y^2+3*y+1)
   ans =
     (y + 1)^3
```

- expand は式の展開，simplify は因数分解など代数的単純化を行う．

syms A [n,m]（A の次に 1 字空白）または A = sym('A', [n m]) は，シンボリックな $n \times m$ 行列 A を定義します．

```
                                              ┌─── MATLAB キー入力と出力 ─┐
   >> syms A [2 2]
   >> A
     A =
       [ A1_1, A1_2]
       [ A2_1, A2_2]
   >> B=sym('B',[2 2])
     B =
       [ B1_1, B1_2]
       [ B2_1, B2_2]
   >> A*B
     ans =
       [ A1_1*B1_1 + A1_2*B2_1, A1_1*B1_2 + A1_2*B2_2]
       [ A2_1*B1_1 + A2_2*B2_1, A2_1*B1_2 + A2_2*B2_2]
   >> A.*B
     ans =
       [ A1_1*B1_1, A1_2*B1_2]
       [ A2_1*B2_1, A2_2*B2_2]
```

- A の ij 成分は Ai_j という名前になる.

- A*B と A.*B との違いを理解してほしい.

5.1.2 シンボリックな求解

シンボリックな演算によって解を求めることも可能です. まず三角関数の式の解を求める方法を示してみましょう.

```
                                    ─ MATLAB キー入力と出力 ─
  >> syms x
  >> eqn=sin(x)==1;
  >> sol=solve(eqn)
    sol =
      pi/2
```

- eqn= A == B は恒等式 $A = B$ を定義し, これを 'eqn' と名付ける.

- solve(eqn) は恒等式 eqn を変数 x について解くというコマンド.

- シンボリック変数が複数あるときには, solve(eqn, x) により解くべき変数 x を指定する.

```
                                    ─ MATLAB キー入力と出力 ─
  >> syms a b c x
  >> eqn=a*x^2+b*x+c==0;
  >> sol=solve(eqn,x)
    sol =
     -(b + (b^2 - 4*a*c)^(1/2))/(2*a)
     -(b  - (b^2 - 4*a*c)^(1/2))/(2*a)
```

5.2 シンボリック関数演算

微積分その他の計算も数式として取り扱えます.

5.2.1 シンボリック関数の定義

シンボリック関数の定義の仕方はさまざまです. たとえば以下のようにします.

- シンボリック変数が定義されていれば, このシンボリック変数を使って

関数を書く. 5.2.2 項の「微分」の例など.

● 関数自身を定義する. たとえば以下.

```
                                        ── MATLAB キー入力と出力 ─
  >> syms f(x,n)
  >> f(x,n)=x^n;
  >> f(2,3)
    ans(x, n) =

      8
```

5.2.2　微分

　関数 f に対する微分演算子は diff(f), diff(f,x) です. n 次導関数は diff(f,n) です.

```
                                        ── MATLAB キー入力と出力 ─
  >> syms x n
  >> f(x,n)=x^n;
  >> diff(f,x)
    ans =

      n*x^(n - 1)
  >> diff(f,2)
    ans =

      n*x^(n - 2)*(n - 1)
```

5.2.3　偏微分

　偏微分に関しては, 特別なことはありません.

(a)　偏微分

　2 変数 x, y の関数 $f(x, y)$ を考えましょう.

─────── MATLAB キー入力と出力 ───────

```
>> syms x y
>> f=x^2+x*y+3*y^3
  f =
    x^2 + x*y + 3*y^3
>> diff(f,x)
  ans =
    2*x + y
>> diff(f,y)
  ans =
    9*y^2 + x
```

高階（偏）微分は

$$\texttt{diff(f,x1,x2,}\cdots\texttt{,xn)}$$

と書きます. これは f を x1, x2,···, xn の順番で微分します.

(b) 多変数関数の勾配

多変数関数 $f(x_1, x_2, \cdots, x_n)$ の偏微分（勾配）に関しては, gradient というコマンドがあります.

─────── MATLAB キー入力と出力 ───────

```
>> syms x1 x2 x3
>> f(x1,x2,x3)=x1+x2+x2*x3;
>> grf=gradient(f)
  grf(x1, x2, x3) =
        1
     x3 + 1
        x2
```

上で grf(x1, x2, x3) は 3×1 次元配列です.

(c)　ヤコビ行列式

　一般の変数変換を考えてみます.

$$x = x(u, v)$$
$$y = y(u, v)$$

変換により x, y に関する積分を u, v についての積分に変換することを考えましょう. これは一般に

$$\int f(x, y)dxdy = \int f(x(u, v), y(x, v))|J|dudv$$

と書けます. $|J|$ はヤコビ行列（**Jacobian Matrix**）J の行列式**ヤコビ行列式**（**Jacobian Determinant**）の絶対値であり[1], 2つの空間 (x, y) と (u, v) の**面素の比**です:

$$J = \det \begin{pmatrix} \frac{\partial x}{\partial u} & \frac{\partial x}{\partial v} \\ \frac{\partial y}{\partial u} & \frac{\partial y}{\partial v} \end{pmatrix} = \frac{\partial x}{\partial u}\frac{\partial y}{\partial v} - \frac{\partial x}{\partial v}\frac{\partial y}{\partial u}.$$

たとえば次のように入力します:

```
———————————————————————————— MATLAB キー入力と出力 ——

    >> syms u v

    >> x=u.^2 +v.^2;

    >> y=2*u.*v;

    >> J=jacobian([x,y],[u,v])

      J =

        [ 2*u, 2*v]

        [ 2*v, 2*u]

    >> det(J)

      ans =

        4*u^2 - 4*v^2
```

---

[1] Jacobian matrix, Jacobian determinant をともにヤコビアン（Jacobian）と呼ぶことがあります.

5.2.4 テイラー級数展開

微分学における重要な結果の1つは，テイラー級数展開です．滑らかで連続な関数の性質をテイラー級数展開から議論することもできます．また（一様）収束概念や収束半径を理解するうえでも重要です．

MATLABでテイラー級数展開を行うためには，変数xはシンボリック変数と宣言します．コマンドtaylorがテイラー級数展開のために用意されています．taylor(f, x, 'Order', 8)は関数fをxの8つの項（7次以下の項）で展開することを意味します．

```
────────────────── MATLAB キー入力と出力 ──

  >> syms x

  >> f=log(1+x)

  >> taylor(f,'Order',8)

    ans =

     x^ 7/7 - x^ 6/6 + x^ 5/5 - x^ 4/4 + x^ 3/3 - x^ 2/2 + x
```

また，テイラー級数展開を任意の点の周りで行うこともできます：

```
────────────────── MATLAB キー入力と出力 ──

  >> syms x

  >> taylor(log(1+x),x,'ExpansionPoint',0)

    ans =

     x^ 5/5 - x^ 4/4 + x^ 3/3 - x^ 2/2 + x

  >> taylor(log(1+x),x,'ExpansionPoint',1)

    ans =

         x/2 + log(2) - (x - 1)^ 2/8 + (x - 1)^ 3/24 - (x - 1)^ 4/64 + (x -

  1)^ 5/160 - 1/2
```

対数関数 $\log(1+x)$ を $x = 0$ の他，いくつかの点，たとえば $x = 1/2$ の周りでテイラー級数展開してみてください．さらにそれらを図に描くことで，収束の様子（あるいは元の関数値との比較）を調べてみましょう．

式または関数を図に描くときは,

$$\text{fplot(f,[x1 x2])}$$

を使います. [x1 x2] はグラフを描く変数の値の範囲を示します. これを省略するとデフォルトの範囲 [-5 5] で描画します.

────────────────────────── MATLAB キー入力と出力 ──

```
>> syms x;
>> f = 1/(1+x);
>> t4 = taylor(f, x,'Order',4)

   t4 =

   - x^3 + x^2 - x + 1
>> t10 = taylor(f, x, 'Order', 10)

   t10 =

   - x^9 + x^8 - x^7 + x^6 - x^5 + x^4 - x^3 + x^2 - x + 1
>> fplot([t4 t10]); hold on
>> fplot(f,'- or'); grid on
>> xlim([-1 1.2]);ylim([-1 5])
>> legend('approximation up to O(x^3)','approximation up to O(x^9)',...
   'function f','Location','Best')
>> title('Taylor Series Expansion of 1/(1+x)')
```

図 5.1 が出力です.

● fplot の中の'-or' はマーカー o（円）と色（赤 red）を指定する.

5.2.5　積分

　シンボリック演算による不定積分のアルゴリズムを一般的に作ることは困難です.

(a)　数式処理による積分計算

　数式処理による積分（不定積分）は int(f,x) です. シンボリックなスカラー変数 x について関数 f(x) の不定積分を計算します.

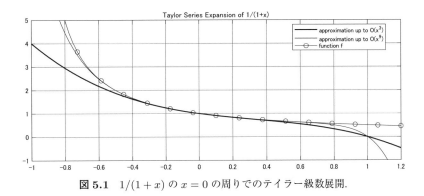

図 5.1 $1/(1+x)$ の $x = 0$ の周りでのテイラー級数展開.

さらにこれの定積分の値を求めたいときは，たとえば積分区間を $[1.0, 2.0]$ とするならば int(f, [1,2]) とします．

MATLAB キー入力と出力

```
>> syms x n
>> f(x,n)=n*x^(n-1)

  f(x, n) =

    n*x^(n - 1)
>> int(f,x)

  ans(x, n) =

    piecewise(n == 0, 0, n~= 0, x^n)
>> int(f,[1,2])

  ans(n) =

    piecewise(n == 0, 0, n~= 0, 2^n - 1)
```

~=は不等号 $\neq$ です（関係演算子）．

数表などに載っている不定積分でも，複雑なものはできないようです．

(b) 数値的な積分計算

数値的な積分については1変数の積分，2重積分および3重積分を行うためのコマンド

    integral, integral2, integral3

などが用意されています.

```
―――――――――――――――――――――――――――――――― MATLAB キー入力と出力 ―

 >> fun=@(x) x.*exp(-x);

 >> integral(fun,0,Inf)

   ans =

     1.0000
```

実際この関数は簡単に不定積分が計算できるので，上の値を確かめることが
できます：

```
―――――――――――――――――――――――――――――――― MATLAB キー入力と出力 ―

 >> clear fun

 >> syms x;

 >> fun(x)=int(x.*exp(-x))

   fun(x) =

    -exp(-x)*(x + 1)

 >> fun(100)-fun(0)

   ans =

     1 - 101*exp(-100)

 >> double(fun(realmax)-fun(0))

   ans =

     1

 >> vpa(fun(realmax)-fun(0))

   ans =

     1.0
```

clear fun は，その前の計算で関数 fun を使っているため，現在のワーク
スペースからすべての変数を削除し，システム メモリから解放する必要が
あるために入れています.

　fun(Inf) と入力すると NaN すなわち**非数 (Not a Number)** が返され

ます. `exp(-Inf)` は 0 を返しますが，`exp(-Inf)*Inf` は不定となるためです. どのような場合に，`NaN` を返すかは

https://jp.mathworks.com/help/matlab/ref/nan.html

を参照してください.

ここでは充分大きいと思われる数 100 と，変数の許された最大値 `realmax`(realmax $=(2 - 2^{-52}) * 2^{1023}$ =1.7977e+308) と入れてみました. `double` はシンボリック変数で行われた計算を，普通の数値計算（倍精度）に直すために用いています. `vpa(fun(realmax)-fun(0))` と書いた場合と同じですが，`vpa` は任意精度の演算（可変精度浮動小数点演算）となります.

ここの結果から

$$\lim_{x \to \infty} -e^{-x}(x+1) = 0$$

であることがわかります. 関数 $e^{-x}(x+1)$ の図を描けばすぐに理解できます.

第 III 部

非対話型利用──プログラムファイル

第6章 | スクリプトの利用

MATLAB の多くの操作は対話型で行うことができます．しかし計算が複雑で多くの手順を要するとき，あるいは同じような計算をデータを変えながら何度も行うとき，対話型では手間がかかりすぎて不便です．そのようなときのためには，プログラム用のファイルあるいはデータのためのファイルを利用するのが便利です．

6.1　スクリプトファイル

スクリプト（script）は，単純な形のプログラム ファイルです．一連のコマンドを繰り返し行う計算を実行するときに便利です．そのプログラムを書くときに使用するのがスクリプト言語です．

通常は，計算プログラム（ソースコード）はコンパイラにより機械語に翻訳しなくてはなりません．これをコンパイル（compile）といいます．スクリプトではこのようなコンパイルの手続きを経ないですぐに計算が実行できます．MATLAB もこのような言語ですので，コンパイルの手続きを要しません．

新しいスクリプトは，次の方法で作成できます．

1. [ホーム] タブにある [新規スクリプト] ボタンをクリックします．既にスクリプトがある場合には，そのスクリプトファイルをダブルクリックします．
2. エディター（ウィンドウ）にスクリプトファイルの内容が表示されます．ここにプログラムを書き込みます．
3. スクリプトファイルが出来上がったら，[保存] タブをクリックしてこれを保存します．

4. [ホーム] タブの [実行] ボタンをクリックすると，スクリプトは実行され，コマンドウィンドウに実行結果が出ます．あるいはコマンドウィンドウに，ファイルの名前を打ち込んでも同様に実行がされます．

5. スクリプトファイルは名前を付けて保存すると，….m という拡張子が付きます．名前を付けないで保存すると，Untitled.m という名前になります．

6.2　関数ファイル

2.6 節で説明し，また既に用いていることからもわかるように，**無名関数**はそれを用いるスクリプトの中で定義されます．しかし関数値を定める方法が単純ではない場合などでは，むしろ関数値を定めるファイルを別にして，それをメインの流れの中から呼び出すという方法の方がよい場合が少なくありません．これを**関数ファイル**といいます．

関数ファイルについては次の 2 つの格納方法があります．

(1) 関数を呼ぶ同じフォルダーに置きます．この場合，関数ファイル名は関数の名前 FileName と同じものにし，独立のファイル FileName.m として準備します．後で説明するように，パス（path）の設定を用いればどこに置いても構いませんが，当分はそのようなことを考える必要はないでしょう．

(2) スクリプトファイルの最後に関数を書きます．

関数ファイルの書き方は次の規則に従います．

- function の宣言：function で始まる．

- 入出力：function [y1,...,yN] = myfunction(x1,...,xM)
  myfunction ：function 名．上の (1) の方法で格納するなら，関数ファイル名は myfunction.m とする．
  x1,...,xM ：入力引数．なければ書かなくてよい．
  y1,...,yN ：出力引数．出力が 1 つなら，かぎかっこ [] は必要ない（function y = myfunction(x)）．出力がない場合は省略する（function myfunction(x)）か，空のかぎかっこ [] で書く（function

     [] = myfunction(x)).

- end：function の最後．end を省略してよい場合もあるが，常に書くことを勧める．

  関数の入出力を操作する方法としては，function の引数としてだけではなく，**グローバル変数**を用いる方法もあります．その場合には，それを用いるすべてのプログラム単位の中で global として宣言する必要があります．グローバル変数は，複数の関数ファイルで間違えずに共有するのには便利です．ただしグローバル変数を用いると計算が大幅に遅くなりますので，できるだけ避けるのが無難でしょう．6.3 節の例では global を用いています．

  スクリプトファイル，関数ファイルともに，….m ファイル内で使われる（グローバル変数以外の）変数は**ローカル変数**と呼ばれ，そのプログラム単位の中でのみ有効です．

  MATLAB のほとんどの関数は関数ファイルの形で提供されています．その関数ファイルは，MATLAB の**検索パス**でつながっています．検索パスは，[ホーム] タブの [環境] セクションの中にある [パスの設定] をクリックすると見ることができます．

6.3 例

  以下の例では，関数ファイルとグローバル変数の使い方を示します．

———— MATLAB スクリプト

```
A=[0.01 0.2 0.6 1.0 1.2 2.0]
global x
x=0:0.001:2;
for i=1:1:6
  a=A(i);
  [yax,text]=yfun(a);
  plot(x,yax,'LineWidth',0.5+i*0.2,'DisplayName',text);
  hold on
```

(つづく)

─────────────────── MATLAB スクリプト （つづき）

```
end
xlabel('x','FontSize',15);ylabel('a^x','FontSize',15);
grid on
legend('Location','northwest','FontSize',10)


function [yax,text]=yfun(a)
global x
text=[num2str(a),'^x'];
yax=a.^x;
end
```

- グローバル変数の扱い方を示すために，変数 x はグローバル変数とし
  ている．実際には，x も入力引数とした方がよいだろう．

- 凡例の文を
  `legend('0.1^x','0.2^x','0.6^x','1.0^x','1.2^x','2^x',...`
  `'Location','northwest','FontSize',10)`
  と書いてもよい．ここではパラメータ a の値の組を変えたい場合に

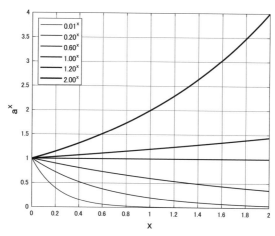

図 6.1 function ファイルを用いた例．a^x の計算．

legend も変えなくてはならないという煩雑さを避けて，function の中で，数値を文字配列に変える num2str というコマンドと「DisplayName」を用いて受け渡している．

結果を図 6.1 に示します．

第 IV 部

数学基礎——中級編

第7章 最適化

計算を進めると，内容もプログラムも複雑になります．この章あたりから，前章で説明したスクリプトファイルを利用した方が便利でしょう．

7.1 ラグランジュ未定乗数法

7.1.1 ラグランジュ未定乗数法の定式化

束縛条件 $g(x, y) = 0$ のもとで，$f(x, y)$ が最大値となる点 (a, b) を求める問題を考えてみましょう．そのためには，新たな変数 λ（**ラグランジュ乗数**と呼びます）を導入して，

$$F(x, y, \lambda) = f(x, y) - \lambda g(x, y)$$

を考えます．点 (a, b) で $\partial g/\partial x \neq 0$ または（および）$\partial g/\partial y \neq 0$ ならば，

$$\frac{\partial F}{\partial x} = \frac{\partial F}{\partial y} = \frac{\partial F}{\partial \lambda} = 0$$

により $\lambda = \alpha$ および最大値を与える点 (a, b) が決まります．

$\dfrac{\partial F}{\partial x} = \dfrac{\partial F}{\partial y} = 0$ は，f の勾配ベクトルと g の勾配ベクトルは平行であるという条件です．また $\dfrac{\partial F}{\partial \lambda} = 0$ は $g(x, y) = 0$ です．

7.1.2 典型的問題と解法

【問題】

$$f(x, y) = (x + y)^2$$
$$g(x, y) = x^2 + y^2 - 1$$

として，束縛条件 $g(x, y) = 0$ の下で $f(x, y)$ の極値を求めよ.

【解】

$$F(x, y, \lambda) = f(x, y) - \lambda g(x, y)$$

と置いて，ラグランジュ未定乗数法の条件から

$$(1 - \lambda)x + y = 0$$
$$x + (1 - \lambda)y = 0$$
$$x^2 + y^2 = 1$$

が得られます．これを解いて，$\lambda = 2$ または 0 を得ます．この λ を用いれば以下のような結果が得られます.

$$\lambda = 2 \text{ のとき}\ \ x = y = \pm\frac{1}{\sqrt{2}},\quad f = 2$$
$$\lambda = 0 \text{ のとき}\ \ x = -y = \pm\frac{1}{\sqrt{2}},\ f = 0$$

7.1.3 MATLAB の利用

これを MATLAB で解いてみましょう．以下はスクリプトです （LagrangeMultiplier.m と名前を付けて保存）.

―――――― MATLAB スクリプト LagrangeMultiplier.m ――――――

```
syms x y lambda

f(x,y) = (x+y).^2;

g(x,y) = x.^2 + y.^2 - 1;

L(x,y,lambda) = f - lambda*g

eqn1 = diff(L,x) == 0;

eqn2 = diff(L,y) == 0;

eqn3 = diff(L,lambda) == 0;

ss = solve([eqn1,eqn2,eqn3],[x,y,lambda])

Ans_x=ss.x

Ans_y=ss.y

Ans_lambda=ss.lambda

Ans_f=f(ss.x,ss.y)

T = table(double(ss.x),double(ss.y),double(ss.lambda),double(f(ss.x,ss.y)));

T.Properties.VariableUnits = {'x','y','lambda','f'}
```

- `ss=`··· では，`solve` コマンドを用いて，恒等式 eqn1〜eqn3 を変数 x，y，lambda について解き，その解を縦ベクトル ss.x, ss.y, ss.lambda に格納．ここで作られる ss は構造体（Structures）と呼ばれる．ここでは行列形式になっている．

- プログラムの中でデータ ss.x, ss.y, ss.lambda がどう入っているか，f に何が入っているか確認している．その答えが中央の 4 つの ans=··· に対応する．

- `double(ss.x)` などでシンボリック変数を倍精度数値（double）に変換し，`T=table(`···`)` で table T を定義する．セミコロンがあるから結果は出力されない．

- `T.Properties.VariableNames = {'x','y','lambda','f'}`では，table プロパティ VariableNames（変数名）を変更して，table 内の各変数の変数名を指定する．

コマンドウィンドウで（>>）LagrangeMultiplier と入力し，あるいは
「ホーム」タブの「実行」ボタンをクリックし，スクリプト
LagrangeMultiplier.m を実行します．以下がその結果です．

```
———————————————————————————————————— MATLAB 出力 —
>> LagrangeMultiplier
Ans_x =
 2^(1/2)/2
-2^(1/2)/2
-2^(1/2)/2
 2^(1/2)/2
Ans_y =
-2^(1/2)/2
 2^(1/2)/2
-2^(1/2)/2
 2^(1/2)/2
Ans_lambda =
0
0
2
2
Ans_f =
0
0
2
2                                          (つづく)
```

─── MATLAB 出力 （つづき）───

```
T =

4×4 table

    x        y       lambda    f

 0.70711  -0.70711   0         0

-0.70711   0.70711   0         0

-0.70711  -0.70711   2         2

 0.70711   0.70711   2         2
```

7.2 線形計画法

　一般的な関数（目的関数）の大域的な最小値または最大値（とパラメータ空間の場所）を探す問題は，数学としても **(非) 線形計画法**として大きな分野を形成しています．

7.2.1 線形計画法とは

　線形計画法とは，目的関数と制約条件がすべて値を定めるべき変数について線形の，最適化問題のことをいいます．変数が2つ x_1, x_2 の場合に一般的に書けば，不等式条件

$$a_{11}x_1 + a_{12}x_2 \leq b_1,$$
$$a_{21}x_1 + a_{22}x_2 \leq b_2$$

の制約（2次元空間内で (x_1, x_2) の領域を決める）の下で

$$c_1x_1 + c_2x_2$$

の最大小値および，そのときの x_1, x_2 を求める問題です．

　目的関数が線形なので目的関数の等高線は直線です．したがって，局所的な解は大域的な意味でも最小（大）値になります．さらに目的関数も線形ですから，最小（大）値は (x_1, x_2) 平面内の凸多角体の境界上に存在するはずです．

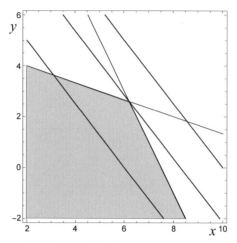

図 7.1 線形計画法の例. 制約条件 $4x + 2y \leq 30$, $x + 3y \leq 14$ の下で, 目的関数 $f(x, y) = -5x - 4y$ を最小化する. グレー部分が制約条件で指定された領域. 並行した直線は $f(x, y) = -30, -207/5, -50$ の等高線. $x = 31/5$, $y = 13/5$ で最小値 $a = -207/5$ をとる. 図から見てとれるように, 最適値をとる場所は, 領域の端, 2つの直線の交点となる.

7.2.2　線形計画法の問題と考え方

【問題】

$4x + 2y \leq 30$, $x + 3y \leq 14$ の制約条件の下で, 目的関数 $f(x, y) = -5x - 4y$ を最小化せよ.

【考え方】

領域 $4x + 2y \leq 30$, $x + 3y \leq 14$ の領域をグラフ上に描き, $f(x, y) = -5x - 4y = $ 一定 の直線をいろいろ描いてみると, すぐに解答が見つかるでしょう (図 7.1).

7.2.3　MATLAB の利用

　MATLAB には線形計画法のルーチン linprog(f,A,b) が用意されています. ここで A は行列, f, b はベクトルです (図 7.1).

―――――――――――――――― MATLAB スクリプト LinearProgramProb1.m ―――

```
% Linear Program Problem 1
% Ax ≤ b ( Constraint Conditions):Oprimization of f*x
  A=[4 2;1 3]; b=[30;14];f=[-5 -4];
  x=linprog(f,A,b)
  Sol=f*x
```

- 最初の%で始まる2行は，実行がないコメント行である．スクリプト中にこれでさまざまなコメントやメモ等を書いておくと便利．

- x=linprog(f,A,b) は $\{Ax\}_i \le b_i\ (i=1,2)$ の条件の下で，$f \cdot x$ の最小値を与える x を求める．

- この問題では以下のように選べばよい．

$$A = \begin{pmatrix} 4 & 2 \\ 1 & 3 \end{pmatrix}, \quad b = \begin{pmatrix} 30 \\ 14 \end{pmatrix}, \quad f = \begin{pmatrix} -5 & -4 \end{pmatrix}$$

- Sol=f*x では，上の問題の解である x を用いてこの値を計算する．

スクリプト LinearProgramProb1.m を実行して，以下の結果を得ます．

―――――――――――――――――――――――――――― MATLAB 出力 ―――

```
 >> LinearProgramProb1
最適解が見つかりました.
 x =
   6.2000
   2.6000

 Sol =

  -41.4000
```

7.3　非線形計画法

　制約条件，目的関数（のすべて，あるいは一部）が一般に非線形である場合，たとえば次のようなものを非線形計画法といいます．

7.3.1　非線形計画法の問題と解答

[問題]

$x \geq 0, y \geq 0$ において，制約条件 $1 \leq x^2 + y^2 \leq 2$ の下で，目的関数 $f(x,y) = x^2 + y$ を最大化せよ．

　この問題を理解するために，領域 $x \geq 0, y \geq 0$ で制約条件 $1 \leq x^2 + y^2 \leq 2$（円環領域）を描き，その中で $f(x,y) = x^2 + y = c$（放物線）の等高線を，定数 c を変えながら描いてみましょう（図7.2）．

7.3.2　MATLAB の利用

　2つの*.m ファイルを主スクリプトから呼びます．詳しくは下の手順に従って見てください．

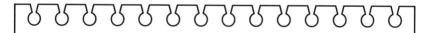

https://jp.mathworks.com/help/optim/ug/nonlinear-equality-and-inequality-constraints.html

Step1．ファイル objfun.m の中で，**目的関数**を定義します．問題では最大化ですから，「最小化」に対応するため符号を反対にして定義しています．変数 x と y が縦行列 x の第1，第2成分になります．

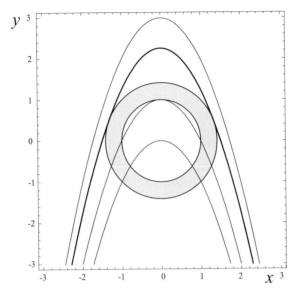

図 7.2 非線形計画法の例. グレー部分が制約条件で指定された領域で, 目的関数の等高線 $f(x, y) = a$ は放物線である ($a = 3, 9/4, 1, 0$). 答えは図から読み取れるように $x = \sqrt{7}/2$, $y = 1/2$ (太い放物線 ($a = 9/4$) と外円との接点) のときに $f(\sqrt{7}/2, 1/2) = 9/4$ (最大値) である.

```
                                          スクリプト objfun.m

    function f = objfun(x)

    f = -x(1)^2 -x(2);

    end
```

Step2. ファイル confun.m の中で**非線形制約条件**を定義します. 非線形制約条件のうち, 不等式を c=⋯ で, 等式を ceq=⋯ で与えます. 条件がない場合には, [] (空) で返します. ここでは不等式条件だけですから等式条件の部分は空です.

スクリプト confun.m

```
function [c, ceq] = confun(x)
c = [x(1)^2+x(2)^2-2; -x(1)^2-x(2)^2+1; -x(1); -x(2)];
ceq =[];
end
```

Step3. この部分が制約付き最適化ルーチンを呼び出すメインのスクリプトです. x0 は x(1), x(2) の試行初期値です. 非線形計画法ソルバー fmincon が f の最小値を見つけ, 関数値 x で解 fval が生成されます.

スクリプト NonLinearProgramProb2.m

```
x0 = [0.1,0.1];
options = optimoptions(@fmincon,'Algorithm','sqp');
[ x, fval ] = fmincon(@objfun,x0,[],[],[],[],[],[],@confun,
options);
x
fval
```

メインのスクリプト NonLinearProgram2.m の中に function プログラムを書くこともできます. その場合にはメインの部分の後に function の部分を置きます.

[出力] メインのスクリプト NonLinearProgramProb2.m を実行したときの出力です. $x = 1.3229$ ($= \sqrt{7}/2$), $y = 0.5000$ ($= 1/2$) のとき, 最小値 $-2.2500 (= -9/4)$ を与えます.

```
                                                    ── 出力 ─
>> NonLinearProgramProb2
制約を満たす局所的最小値が見つかりました. 目的関数が最適性の許容誤差値の
範囲内の実行可能な方向において非減少であり, 制約が制約の許容誤差値の範囲
内で満たされているため, 最適化は完了しました.
<停止条件の詳細>
x =
1.3229     0.5000
fval =
-2.2500
```

7.4 その他の最適化手法——特にスパース大行列に関して

上で述べた以外にも, 非線形最適化法に含まれるべき種々の手法があり,
それらに対するルーチンが提供されています. 多くは, 対応する行列が疎
(スパース) である場合の, その性質を用いた反復手法になっています:

- 共役傾斜二乗法 (cgs)

- 共役勾配法 (pcg)

- 双共役傾斜安定化法 (bicgstab, bicgstabl)

いずれの場合でも, 最適化問題, 大行列の解法などはさまざまなノウハウが
ありますので, まずは公開されている解法があるかどうか, MATLAB その
他の関連ページで探すことをお勧めします.

第8章 統計

ここでは，MATLAB の Statistics and Machine Learning Toolbox を使用して，統計データの扱いを説明します．

8.1 データの入力と表示

8.1.1 データの形

まず最初にわれわれが思いつくのは，データが Microsoft Excel 上に用意されている場合でしょう．

エクセルデータ Jap-Math-Sci.xslx に図 8.1 のようなデータが用意されているとします．使用するのはこの内の，第 3 列 number（個体番号），第 4 列 sex（男女の別），第 5 列 JapA（国語得点），第 7 列 MathA（数学得点）です[1]．

ここでは説明しませんが，カンマ付きデータ（csv ファイル）の場合にも `readmatrix('filename')` を用います．

		number	sex	JapA	JapB	MathA	MathB	SciA	SciB	SciC
2015	3	1	2	27	7	33	9	16	6	10
2015	1	2	2	26	4	20	5	7	3	4
2015	1	3	2	27	7	29	12	19	6	13
2015	2	4	1	22	7	14	2	17	5	12
2015	1	5	2	27	8	31	8	16	6	10

図 8.1 50 行の入力データの最初の数行.

---

[1] このデータは文科省が公表した全国学力・学習状況調査（全国学力テスト）のパブリックユースデータ（擬似データ）の一部にさらに手を加えた架空データである.

8.1.2 分布図および散布図

データの分布図あるいは散布図を上手に使えば，データの中身の概要を把握することができます.

(a) 分布図

histogram コマンドを用いて，データの分布をヒストグラムで表します（図 8.2）.

───── MATLAB スクリプト histogramDraw.m ─────

```
ds=readmatrix('Jap-Math-Sci.xlsx');

histogram(ds(:,5),'FaceColor','w','LineWidth',1.5);    hold on

histogram(ds(:,7),'FaceColor',[0.5 0.5 0.5]);

xlabel('Score','FontSize',15)

ylabel('Number of Students','FontSize',15)

legend('Japanese','Mathematics','FontSize',15)
```

- ds=readmatrix('filename') では，Excel ファイル filename の数値

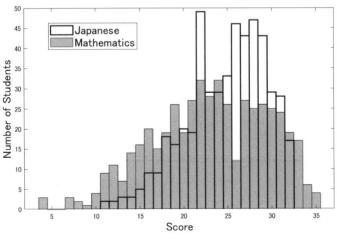

図 8.2 データ分布図.

データのみ読み込む．数値でないものも読みたいときには [ds, text] = xlsread('filename') とする．

- histogram を 2 回呼んで，データ MathA と JapA の分布を重ねる．

- hold on を挟まないと次の histogram 命令で前の図が消えてしまう．

- xlabel, ylabel によりそれぞれの軸のラベルを書く．legend でデータの凡例を示す．

(b) 散布図

サンプルデータから，第 1 パラメータを横軸とし，第 2 パラメータを縦軸とした散布図を描くコマンド scatter(x,y) が用意されています．また，サンプルの点の属性（group）を，色で区別して表すために gscatter(x,y, group) があります（図 8.3）．ここでは男女の別を違う色で示したいので，gscatter を使いました．

```
——————————————— MATLAB スクリプト gscatterScore.m ——
ds=readmatrix('Jap-Math-Sci.xlsx');

gscatter(ds(:,3),ds(:,5),ds(:,4),'br','.',20,'off','Number','Score')

hold on

gscatter(ds(:,3),ds(:,7),ds(:,4),'br','x',10,'off')

hold off

legend('Japanese 1','Japanese 2', 'Mathematics 1','Mathematics 2',...
'Location','southeast')
```

- gscatter(x,y,group) は group 内のデータに従ってグループ分けされた (x,y) データの散布図を描く．ここでは ds の中の第 4 列のデータ (ds.sex)1，2（青，赤）に対応する．その後ろは，色，マーカー，マーカーサイズ，凡例に含めるかどうか，横軸のラベル，縦軸のラベル．ここでは凡例に含めない（'off'）ことを指示した[2]．

[2) 上のスクリプトでは（ds.sex）の 1.2 を青（b），赤（r）で指定したが，印刷はグレーにしたので，注意すること．

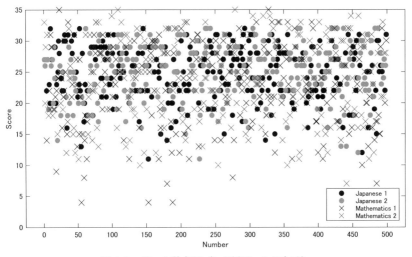

図 **8.3** データ散布図 (1 が男子, 2 が女子).

- `legend` によってサンプルデータの凡例を与える. `legend` を置く場所が次に続くことを`'Location'`で示す. 次の`'southeast'`が凡例を置く場所 (ここでは図中南東隅) を示す.

- 「`...`」は改行の指示. 命令が横に長すぎるとき, これで改行・継続を示す.

8.2 平均, 分散, 相関

与えられたデータの平均値, 標準偏差 (分散の平方根) および相関係数の計算は簡単です.

―――――――――――――――――― MATLAB スクリプト Statistics.m ―

```
ds=readtable('Jap-Math-Sci.xlsx');

mMathA=mean(ds.MathA)

sigMathA=std(ds.MathA)

mJapA=mean(ds.JapA)

sigJapA=std(ds.JapA)

cor=corrcoef(ds.MathA,ds.JapA)
```

次がこのスクリプトの実行に対する出力です（平均 mMathA，mJapA，標準偏差 sigMathA，sigJapA，および相関係数行列 cor）．

―――――――――――――――――――――――――― MATLAB 出力 ―

```
>> Statistics
mMathA =

  23.0100

sigMathA =

   6.4812

mJapA =

  24.8377

sigJapA =

   4.4945

cor =

   1.0000    0.6607

   0.6607    1.0000
```

8.3 回帰直線

　相関係数を見ると，たとえばここで扱っている例では，MathA と JapA の間には 0.6607 の相関があることを示しています．この相関は小さいのでしょうか，あるいは大きいのでしょうか．一般には，この数字はかなり強い相関があると認識されるでしょう．そのようなときには，MathA と JapA の値

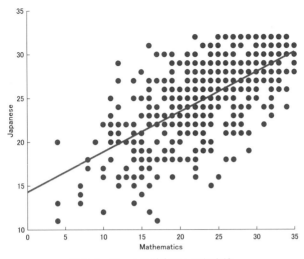

図 8.4 データの散布図と回帰直線.

をそれぞれ横軸，縦軸にとってデータの分布を見るとよりよくわかり，役立ちます（図 8.4）．次のスクリプト `Correlation.m` は散布図から回帰直線を決めます．

──────── MATLAB スクリプト Correlation.m ────

```
ds=readtable('Jap-Math-Sci.xlsx');

gscatter(ds.MathA,ds.JapA,ds.sex,'br','.',20,'off','Number','Score')

h=lsline;

xlabel('Mathematics')

ylabel('Japanese')

set(h,'linewidth',2,'color','bl');

polyfit(ds.MathA,ds.JapA,1)
```

この出力は

```
────────────────────────────── MATLAB 出力 ─
>> Correlation
ans =
   0.4581   14.2959
```

と図 8.4 です.

- gscatter で, 横軸に MathA, 縦軸に JapA の数値をとり, 個々のデータの散布図を作る.

- lsline は回帰直線 (最小二乗法による直線) を引くコマンド.

- polyfit で, データを多項式で最小二乗フィットした式を求める. ここでは $n = 1$ として直線の当てはめをし, JapA=0.4581*MathA+14.2959 を得た.

- 散布図からも, 数学の成績のよい生徒は国語の成績もよい傾向が見られる. このことを定量的に表すのが上の直線の方程式である. さらには, 数学の成績が 0 であっても, 国語の成績は 0 ではないだろうことが見て取れる.

第9章 微分方程式

9.1 常微分方程式の解法

9.1.1 常微分方程式の初期条件と解

微分方程式

$$y'' + 4y' + 4y = 0$$

を初期条件

$$y(0) = 0.5, \quad y' = 4.0$$

の下で解いて，その振る舞いを図に示しましょう．

MATLAB スクリプト DiffEqSymbEx1.m

```
syms y(x);
Dy=diff(y);
eqn=diff(y,x,2)+4*diff(y,x,1)+4*y
cond1=y(0)==0.5;cond2=Dy(0)==4.0;
conds=[cond1 cond2];
ySol(x)=dsolve(eqn,conds)
x=0:0.05:5;
plot(x,ySol(x),'LineWidth',2)
xlabel('x')
ylabel('y(x)')
title('Plot of D2(y)+4D(y)+4y=0,y(0)=0.5, D(y(0))=4.0')
```

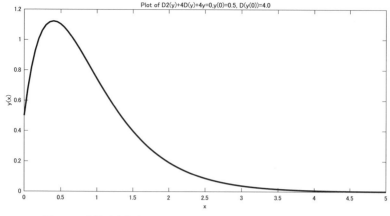

図 9.1　常微分方程式 $y'' + 4y' + 4y = 0,\ y(0) = 0.5,\ y'(0) = 4.0$ の解.

- syms で y, Dy $(= y')$ をシンボリック変数として定義した.

- eqn=··· で微分方程式を定義.

- 恒等式 cond1, cond2 を定義し, その 2 つを合わせて conds=··· で微分方程式を解くための条件式として定義.

- dsolve(eqn,conds) は「条件 conds の下で微分方程式 eqn=0 を解け」, というコマンド. 解として ySol(x) =exp(-2*x)*(10*x+1)/2 $(y(x) = \frac{1}{2}e^{-2x}(10x + 1))$ を返す.

- 6 行目以降は解の描画のための手続き. x=0:0.05:5 は 0 から 5 まで 0.05 の刻み間隔で数ベクトル成分を定義し, plot 以下が描画の命令. 描画範囲, 軸ラベルおよび凡例の大きさは図を描いた後でも編集できる.

- 7 行目で x を定義しないで, 8 行目を fplot(ySol,[0,5], 'LineWidth',2) と書いてもよい. この場合には, x の範囲を指定しないと, 不要な広い領域 (デフォルトは [-5,5]) を描いてしまうので要注意.

MATLAB の出力は以下および図 9.1 です.

```
─────────────────────────── MATLAB 出力 ───
>> DiffEqSymbEx1
  eqn(x) =
    4*y(x) + 4*diff(y(x), x) + diff(y(x), x, x)
  ySol(x) =

    (exp(-2*x)*(10*x + 1))/2
```

9.1.2 常微分方程式の数値解法

同じ問題 $y'' + 4y' + 4y = 0$ を連立 1 階微分方程式に書き換え, 4 次のルンゲ–クッタ (Runge-Kutta) 法を基礎にした ODE45 ソルバーを用いて解きます:

$$y_1' = y_2 \ ,$$
$$y_2' = -4y_2 - 4y_1 \ .$$

- この微分方程式を関数ファイル (ここでは deq1.m) として定義する.

```
─────────────────────── MATLAB スクリプト deq1.m ───
function dydt = deq1(t,y)

dydt = [y(2); -4*y(2)-4*y(1)];

end
```

- 1 行目で, メインスクリプト内 ode45 の中に, 方程式 deq1.m とともに初期値 [0.5, 4] と区間 [0 5] を読み込み解を得る. 2 行目以降は描画の命令.

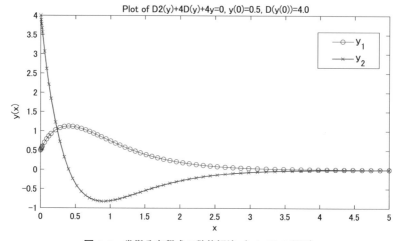

図 9.2　常微分方程式の数値解法（ode45 の利用）.

MATLAB スクリプト DiffEqSymbEx1p.m

```
[t,y] = ode45(@deq1,[0 5],[0.5, 4]);

plot(t,y(:,1),'-o',t,y(:,2),'-x')

xlabel('x'); ylabel('y(x)')

legend('y_1','y_2');

title('Plot of D2(y)+4D(y)+4y=0, y(0)=0.5, D(y(0))=4.0')
```

MATLAB の出力は図 9.2 です.

9.2　非正規型の微分方程式

9.2.1　非正規型の微分方程式の特異解

　微分方程式 $y' = f(x,y)$ において, $f(x,y)$ が x, y の '滑らかな 1 価関数' でないとき, これを非正規型と呼びます. 非正規型の場合, 解の一意性条件が壊れて, 一般解に含まれない解（特異解）が現れることがあります. 次の微分方程式を解いてみましょう:

$$y' = 3y^{2/3}.$$

MATLAB スクリプト DiffEqSymbEx2.m

```
syms y(x)
Dy=diff(y);
eqn=diff(y(x),x)-3*y^(2/3);
ySol(x)=dsolve(eqn)
```

得られた解は以下です.

MATLAB 出力

```
>> DiffEqSymbEx2
  ySol(x) =

    0

    (C1 + 3*x)^3/27
```

解がどのような振る舞いをするのか, これだけではわからないかもしれません.

　第1の解 $y = 0$ は元の微分方程式に代入すれば, たしかに解になっていることはわかります. $y^{2/3}$ は y について多価ですから注意を要します. 得られた解を C1 の値を変えながら図に描いてみましょう (C1=-3*c).

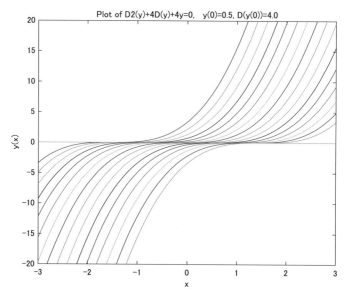

図 9.3　非正規微分方程式 $y' = 3y^{2/3}$ の一般解 $y = (x - c)^3$ と特異解 $y = 0$.

――――――――――――――― MATLAB スクリプト DiffEqSymbEx1p.m ―

```
x=-3:0.05:3;

for c=-1.5:0.2:1.5

  yc=(x-c).^3;

  plot(x,yc)

  hold on

end

y0=0*x;

plot(x,y0);

hold on

ylim([-20 20]);

xlabel('x')

ylabel('y(x)')

title('Plot of D2(y)+4D(y)+4y=0, y(0)=0.5, D(y(0))=4.0')
```

- 図 9.3 からわかるように，一般解 $y = (x - c)^3$ の「**包絡線**」がもう 1 つ
  の解 $y = 0$ となっている．これを**特異解**という．

9.2.2 クレローの方程式

非正規型微分方程式として有名なクレローの常微分方程式（Clairaut's
Equation）

$$y = y'x + \frac{1}{4}(y')^2$$

を考えましょう．以下はスクリプトと実行結果の出力です．

—————————————————— MATLAB スクリプト ClairautEq.m

```
syms y(x);
Dy=diff(y);
eqn=y(x)-Dy*x-Dy^2/4
ySol(x)=dsolve(eqn)
```

—————————————————— MATLAB 出力

```
>> ClairautEq
ySol(x) =
 -x^2
  C1^2/4 + x*C1
```

解の直線群の包絡線が $y = -x^2$ であり，特異解です．図を描くスクリプ
トも与えておきます．図 9.4 が解曲線の結果です．

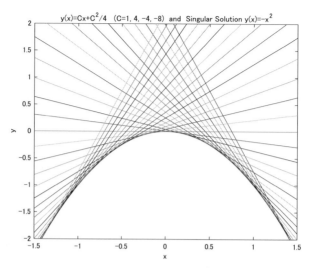

図 9.4　クレローの方程式の一般解 $y = \frac{C^2}{4} + Cx$ と包絡線 $y = -x^2$.

MATLAB スクリプト ClairautEqDraw.m

```
x=-1.5:0.05:1.5;
for c=-3:0.2:3
  yc=c.*x+c.^2/4;
  plot(x,yc);
  hold on
end
ylim manual
y0=-x.^2;
plot(x,y0);
hold on
ylim([-2 2])
xlabel('x'); ylabel('y')
title('y(x)=Cx+C^2/4 (C=1, 4, -4, -8) and Singular Solution y(x)=-x^2')
```

第**10**章 | フーリエ級数展開

10.1 フーリエ級数

複雑な変化をする量は，単純な成分に分けて考えるのが鉄則です．信号解析その他で広く用いられるフーリエ級数展開を考えることにしましょう．

10.1.1 フーリエの方法

$[-a, a]$ を周期とする関数 $f(x)$ を三角関数の級数

$$f(x) = \frac{a_0}{2} + \sum_{n=1}^{\infty} \left(a_n \cos \frac{n\pi x}{a} + b_n \sin \frac{n\pi x}{a} \right)$$

と表すとき，これを**フーリエ級数展開**といい，展開係数 a_n, b_n は次のように計算できます．

$$a_n = \frac{1}{a} \int_{-a}^{a} f(x) \cos \frac{n\pi x}{a} dx \quad , \quad n = 0, 1, 2, \ldots$$
$$b_n = \frac{1}{a} \int_{-a}^{a} f(x) \sin \frac{n\pi x}{a} dx \quad , \quad n = 1, 2, 3 \ldots.$$

10.1.2 簡単な例題

次の関数を考えましょう．

$$f(x) = \begin{cases} -1, & -\pi < x \leq 0 \\ 1, & 0 < x < \pi \end{cases}$$

この関数は，x の奇関数ですから $\sin$ 成分だけが現れます：

$$a_n = \frac{1}{\pi}\Big[\int_0^\pi \cos nx dx - \int_{-\pi}^0 \cos nx dx\Big] = 0, \quad n = 0, 1, 2\ldots$$

$$b_n = \frac{2}{\pi}\int_0^\pi \sin nx dx = \frac{2}{\pi}\frac{1-(-1)^n}{n}, \quad n = 1, 2, \ldots \ .$$

したがって上の関数のフーリエ級数展開は

$$f(x) \sim S(x) = \frac{4}{\pi}\sum_{n=0}^\infty \frac{\sin(2n+1)x}{2n+1}$$

となります.

ここで，右辺で $x = 0$ とすると $S(0) = 0$ すなわち $\{f(0_+) + f(0_-)\}/2$ となりますが，一方で $f(0) = -1$ ですから等号は成り立ちません：

$$S(0) = \frac{1}{2}\{f(0_+) + f(0_-)\} \neq f(0) \ .$$

このことがあるので $f(x) = S(x) = \cdots$ とは書かず，$f(x) \sim S(x) = \cdots$ と書きました.

一般にフーリエ級数 $S(x)$ は，$x = c$ が $f(x)$ の連続点であるなら正しく $f(c)$ を与え，また c が不連続点なら左右から c に近づいた値の平均値

$$S(c) = \frac{1}{2}\{f(c+0) + f(c-0)\}$$

を与えることが知られています．これを**ディリクレ (Dirichlet) の定理**といいます.

10.1.3 MATLAB の適用

(a) MATLAB の適用 1——級数の振る舞い

フーリエ級数は，無限級数ですから，その（一様）収束性や具体的な振る舞いが気になるところです．図 10.1 に部分和

$$S_N(x) = \frac{4}{\pi}\sum_{n=1}^N \frac{\sin(2n+1)x}{2n+1}$$

を示します.

$x = 0$ および $\pm\pi$ 近傍での振動する振る舞いをギブス（Gibbs）現象とい

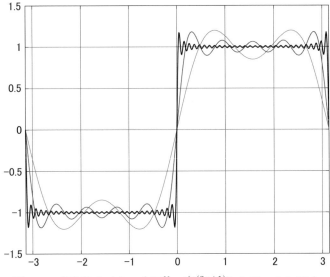

図 10.1 部分和 $S_N(x) = \frac{4}{\pi} \sum_{n=1}^{N} \frac{\sin(2n+1)x}{2n+1}$ を $N = 3, 9, 59$ と N を変えて示す.

い, 上で説明したように, 関数 $f(x)$ の不連続点で現れる一般的な様子です.

```
                                    ── MATLAB スクリプト FourierSum.m ──

t=[-pi:0.01:pi];

x=zeros(1,numel(t));

for n = 1:2:59

  x=x+ sin(n*t)/n*4/pi;

  if n==3 | n==9 | n==59

    plot(t,x,'linewidth',1);

    hold on

  end

end

xlim([-pi,pi])

grid on
```

- 条件付き制御文 if ⋯ end を使用した. | は論理 OR を決め, $n = 3$,

9, 59 のときに plot を実行する．3.2.2 項で示したように，部分和を
symsum で書くこともできる．

(b)　MATLAB の適用 2──スクリプト作成

　MATLAB にはフーリエ級数展開のスクリプトは用意されていません．し
かし以下のようにして，数値的に各係数 a_n, b_n を計算してやればよいでし
ょう．

──────── MATLAB スクリプト FourierSumNum.m ───────

```
t=-pi:0.01:pi;

fcos=@(y,n)cos(n*y).*(2*heaviside(y)-1);

fsin=@(y,n)sin(n*y).*(2*heaviside(y)-1);

x=zeros(1,numel(t));

for n=1:1:59

  an=1/pi*integral(@(y)fcos(y,n),-pi,pi);

  bn=1/pi*integral(@(y)fsin(y,n),-pi,pi);

  x=x+an*cos(n*t)+bn*sin(n*t);

  if n==3 | n==9 | n==59

    plot(t,x,'linewidth',1);

    hold on

  end

end

grid on
```

与えられた関数は奇関数ですから，展開は sin のみから成り立ちます．ここ
および次のスクリプトには，スクリプトが一般的に使えるよう，cos の項も
含めてあります．heaviside(y) はヘビサイドの階段関数で，$y < 0$ で 0,
$y > 0$ で 1 をとります．integral(f,a,b) は関数 f を $[a, b]$ での定積分を数
値的に実行します．結果はもちろん図 10.1 とまったく同じです．

　同様なスクリプトを用いて，いたるところ滑らかで連続な関数 $t^2 \sin(t(t^2 - \pi^2))$ をフーリエ級数展開してみましょう（図 10.2）．

MATLAB スクリプト FourierSumNum2.m

```
t=0:0.01:pi;
x=zeros(1,numel(t));
z=@(y)y.^2.*sin(y.*(y-pi).*(y+pi));
fcos=@(y,n)cos(n*y).*z(y);
fsin=@(y,n)sin(n*y).*z(y);
for n=1:1:31
  an=1/pi*integral(@(y)fcos(y,n),-pi,pi);
  bn=1/pi*integral(@(y)fsin(y,n),-pi,pi);
  x=x+an*cos(n*t)+bn*sin(n*t);
    if n==1
      plot(t,x,':k','linewidth',1.3);
      hold on
    end
    if n==11
      plot(t,x,'-k','linewidth',1);
      hold on
    end
    if n==21
      plot(t,x,'-.k','linewidth',1);
      hold on
    end
    if n==31
      plot(t,x,'k','linewidth',0.5);
      hold on
    end
end
t = linspace(0,pi,100);
plot(t,z(t),'kx','linewidth',0.7,'MarkerSize',5);
grid on
```

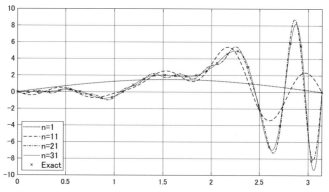

図 10.2 いたるところで連続な関数 $t^2 \sin(t(t-\pi)(t+\pi))$（'x' 印が元の関数）のフーリエ級数展開における部分和の収束の様子（$n = 1, 11, 21, 31$）.

- x=zeros(1, numel(t)) で，t と同じ長さの配列として定義.

関数 $t^2 \sin(t(t-\pi)(t+\pi))$ はいたるところで連続ですが，相当複雑な振る舞いをします．しかし $n = 21$ でほぼ，$n = 31$ で充分に満足できる収束の様子が見てとれるでしょう.

第 V 部

数学基礎──上級編

第**11**章 線形代数——上級編

第4章（初級編）では，連立方程式を解くとき逆行列を直接計算するのは実際的でなく，避けなくてはいけないと述べました．

計算の精度や効率を考えるのは，数学とは離れた議論のように感じるかもしれませんが，決してそうではありません．有効な計算は，数学的にも保証されるものでなくてはいけません．特に計算を主題とするならなおさらです．計算は有限の資源（時間や手間，計算機の規模）に依存しており，計算アルゴリズムの適切な選択によって，不可能な計算が実行可能な計算に変わることはよくあります．

11.1 連立方程式の解法

11.1.1 解法の復習

逆行列の計算あるいは連立方程式の計算，固有値・固有ベクトルの計算は，もちろん多くの共通性があります．ここでは連立方程式

$$A\boldsymbol{x} = \boldsymbol{b}$$

を解くことを考えてみましょう．A は $n \times n$ 行列，$\boldsymbol{x}, \boldsymbol{b}$ は n 個の成分からなる列ベクトルです．

MATLAB ではこの演算は，A を $n \times n$ 行列，b を n 個の成分からなる列ベクトルと定義した後，

―――――――――― MATLAB 入力 ―――

```
x=A\b
```

と書きます．（MATLAB を含む）実用的なプログラムでは，逆行列を計算して b に掛けるというアルゴリズムは採用しません．MATLAB では，行列 A の特徴により，以下で述べる掃き出し法，LU 分解あるいは他の方法を自動的に選択します．

https://jp.mathworks.com/help/matlab/ref/mldivide.html

　MATLAB の線形代数関数および行列演算は，Fortran サブルーチン・ライブラリとして評価の高い LAPACK を基に構築されています．

11.1.2　行列の分解

(a)　ガウス–ジョルダンの掃き出し法

　通常，教科書などで教えるのはガウス–ジョルダンの「掃き出し法（Gauss-Jordan Elimination）」と呼ばれる次の手順です：

- **Step.1** $n \times n$ 行列 A および列ベクトル b を

$$[A\ b]$$

　と並べて n 行 $n+1$ 列（$n \times (n+1)$）の行列を作る．

- **Step.2**「基本行演算（行の定数倍，加減のみからなる基本変形演算）」を繰り返し，$[A\ b]$ を

$$[E\ x]$$

　となるようにする．E は $n \times n$ の単位行列である．b があったところに答えである列ベクトル x が現れる．

- **[計算量]** 上の計算に必要な演算回数は乗除算が n^3 のオーダーとなる．掃き出し法では，連立方程式の大きさ n が，たとえば 10 倍になれば，演算回数は 1000 倍になり，すぐに現実的な時間内で結果を得ることが

できなくなる.

下に掃き出し法で逆行列を計算した結果を示しておきましょう. 行列 A と単位行列 E を並べて B=[A E] を作り, 基本行操作を行ったものです. コマンド rref を用います.

結果では, A があったところに単位行列が, 単位行列のあったところに逆行列が現れます.

```
                                   ── MATLAB Gauss-JordanElimination ─

 >> A=[2 1; 1 2]
   A =
   2   1
   1   2
 >> E=eye(2)
   E =
   1   0
   0   1
 >> B=[A E]
   B =
   2   1   1   0
   1   2   0   1
 >> C=rref(B)
   C =
   1.0000        0    0.6667   -0.3333
        0   1.0000   -0.3333    0.6667
```

(b) LU 分解

A を, 下三角行列 L と上三角行列 U の積

$$A = LU = \begin{pmatrix} 1 & 0 & \cdots & 0 \\ l_{21} & 1 & \cdots & 0 \\ \vdots & \ddots & \ddots & \vdots \\ l_{n1} & \cdots & l_{nn-1} & 1 \end{pmatrix} \begin{pmatrix} u_{11} & u_{12} & \cdots & u_{1n} \\ 0 & u_{22} & \cdots & u_{2n} \\ \vdots & \vdots & \ddots & \vdots \\ 0 & 0 & \cdots & u_{nn} \end{pmatrix}$$

に書き換える LU 分解という方法があります. この方法は実際によく使われます.

　演算の数は, A が密行列（要素の大部分が 0 ではない行列）である場合には, ガウス-ジョルダンの掃き出し法と比べて大きく異なることはありません. A が疎（要素の大部分が 0 である行列）である大行列の場合には, LU 分解したときの L および U はやはり疎であるという性質を保ちます. そのため A が疎である場合には計算量に大きな差（演算回数が n^2 程度の量になることもある）が生じます.

　LU 分解の例を下に示します. LU 分解を行うために, コマンド lu が用意されています. 行列 A に対して

$$LU = PA$$

となる上三角行列 U, 対角要素が 1 である下三角行列 L, 置換行列 P を得るには [L U P] = lu(A) とします.

```
                                        ── MATLAB LUDecomposition ──
   >> A=[2 1; 1 2];
   >> [L U P]=lu(A)
     L =
   1.0000        0
   0.5000   1.0000
     U =
   2.0000   1.0000
        0   1.5000
     P =
   1    0
   0    1
```

(c) コレスキー（Cholesky）分解

行列 A が正定値エルミートであるとき，行列 A を上三角行列 U と U のエルミート共役 U^* との積に分解されます．これをコレスキー分解と呼びます．A のエルミート性を利用した LU 分解の特別な場合です．

コレスキー分解では，U=chol(A) または U=chol(A,'upper') というコマンドを使います．

$$A = U^*U$$

下三角行列で求めるときは L=chol(A,'lower') とします：

$$A = LL^*$$

```
──────────────────── MATLAB Choleskydecomposition ──

    >> A=[2 1; 1 2];
    >> U=chol(A)
     U =
       1.4142    0.7071
            0    1.2247
    >> L=chol(A,'lower')
     L =
       1.4142         0
       0.7071    1.2247
```

(d) シュール（Schur）分解

任意の n 次正方行列 A に対しては次の性質が成り立ちます：

$$A = UTU^* \quad.$$

U はユニタリ行列，T は上三角行列で，その対角成分は A の固有値 $(\lambda_1, \lambda_2, \cdots,)$ が並びます．U^* は U のエルミート共役です．これをシュール分解（シューア分解）といいます．シュール分解のコマンドは schur です．

```
┌─────────────────────────────────── MATLAB SchurDecomposition ─┐
│  >> A=[1 2; 4 1]                                                │
│    A =                                                          │
│      1      2                                                   │
│      4      1                                                   │
│  >> [U T]=schur(A)                                             │
│    U =                                                          │
│      0.5774   -0.8165                                           │
│      0.8165    0.5774                                           │
│    T =                                                          │
│      3.8284   -2.0000                                           │
│           0   -1.8284                                           │
│  >> eig(A)                                                      │
│    ans =                                                        │
│      3.8284                                                     │
│     -1.8284                                                     │
└────────────────────────────────────────────────────────────────┘
```

(e) 正規行列のシュール（Schur）分解

A が正規行列 ($A^*A = AA^*$) である場合には，シュール分解は更に簡単になります.

$$A = UDU^* \ .$$

U は直交行列，D は対角要素に A の固有値が並んだ対角行列です. U の第 j 列は，A の固有値 λ_j に対応した固有ベクトルです.

11.2 特異値分解

実際の連立方程式の場合には，常に解が得られるとは限りません. 行列 A が正方行列でない場合，あるいは正方行列であっても正則でない場合などです. より厄介な問題は，A のいくつかの固有値が他と比べて非常に小

さくなっていて，ほとんど正則でない状態にある場合です．このようなとき
は固有値問題あるいはシュール分解と深い関係にある，以下の性質が大変有
用です．

11.2.1 特異値分解の概要

(a) 特異値分解定理

A を階数 r の $m \times n$ 複素行列とします．このとき

$$A = U\Sigma V^*$$

という A の分解が存在します．ここで U は $m \times m$ のユニタリ行列，V は
$n \times n$ のユニタリ行列，V^* は V のエルミート共役です．Σ は $m \times n$ 行列
で，下のような形になります：

$$\Sigma = \begin{pmatrix} \mathrm{diag}(\sigma_1, \cdots \sigma_r) & \mathbf{0}_{r,n-r} \\ \mathbf{0}_{m-r,r} & \mathbf{0}_{m-r,n-r} \end{pmatrix}$$

これを複素行列 A の特異値分解と呼び，Σ の (i,i) 要素 σ_i を A の**特異値**と
呼びます．ここで，$\mathrm{diag}(\sigma_1, \cdots \sigma_r)$ は $\sigma_1, \cdots \sigma_r$ を対角成分とする $r \times r$ の
対角行列であり，$\mathbf{0}_{l,k}$ は $l \times k$ のゼロ行列です．特異値分解は常に可能です．

(b) 特異値分解の例

行列 A の特異値分解 $A = USV^*$ を行うときは，[U,S,V] = svd(A) とし
ます．

```
                                            ─ MATLAB SVDDecomposition ─
  >> A=[1 2 3 4; 5 6 7 8];
   A =

      1    2    3    4

      5    6    7    8
  >> [U S V]=svd(A)
   U =

     -0.3762    0.9266

     -0.9266   -0.3762
   S =

     14.2274        0    0    0

          0   1.2573    0    0
   V =

     -0.3521 -0.7590 -0.4001 -0.3741

     -0.4436 -0.3212  0.2546  0.7970

     -0.5352  0.1165  0.6910 -0.4717

     -0.6268  0.5542 -0.5455  0.0488
  >> U*S*V'

   ans =

     1.0000 2.0000 3.0000 4.0000

     5.0000 6.0000 7.0000 8.0000
```

11.2.2　擬似逆行列（ムーア-ペンローズの擬似逆行列）

　逆行列が存在しない場合には，擬似逆行列（一般逆行列，一般化逆行列）という考え方が有用です（ムーア-ペンローズ（Moore-Penrose）の擬似逆行列）．

　次の性質 (1)〜(4) を満足する行列 A^+ は一意に決まり，A の擬似逆行列と呼びます：

(1) $AA^+A = A$

(2) $A^+AA^+ = A^+$

(3) $(AA^+)^* = AA^+$，すなわち AA^+ はエルミート行列.

(4) $(A^+A)^* = A^+A$，すなわち A^+A はエルミート行列.

　この性質から A が正則な場合（A の逆行列が存在する場合）には，擬似逆行列の定義は逆行列を与えること，すなわち $A^+ = A^{-1}$ であることがわかります.

(a)　擬似逆行列の具体的な形

- $n > m = r$ の場合

$$A = U\Sigma V^*$$

としてもう少し踏み込んでみましょう.

$$\Sigma = (\mathrm{diag}(\sigma_1, \cdots, \sigma_m) \quad \mathbf{0}_{m,n-m})$$

です. また

$$\Sigma^+ = \begin{pmatrix} \mathrm{diag}(1/\sigma_1, \cdots, 1/\sigma_m) \\ \mathbf{0}_{n-m,m} \end{pmatrix}$$

とすると A^+ は

$$A^+ = V\Sigma^+ U^*$$

です. これが擬似逆行列の持つべき性質を満たすことは簡単に確かめることができます.

- $m > n = r$ の場合にも同じように書かれます. ただしこの場合には

$$\Sigma = \begin{pmatrix} \mathrm{diag}(\sigma_1, \cdots \sigma_n) \\ \mathbf{0}_{m-n,n} \end{pmatrix}$$

とします.

　ユニタリ行列 U および V を，正規直交（列）ベクトル $\boldsymbol{u}_1, \cdots, \boldsymbol{u}_m$

$$\boldsymbol{u}_i^* \boldsymbol{u}_j = \delta_{ij} \ , \ i,j = 1, \cdots, m$$

および正規直交（列）ベクトル $\boldsymbol{v}_1, \cdots, \boldsymbol{v}_n$

$$\boldsymbol{v}_i^* \boldsymbol{v}_j = \delta_{ij} \ , \ i,j = 1, \cdots, n$$

を用いて書き換えてみましょう：[1]

$$U = (\boldsymbol{u}_1, \cdots, \boldsymbol{u}_m)$$

および

$$V = (\boldsymbol{v}_1, \cdots, \boldsymbol{v}_n) \ , \ V^* = \begin{pmatrix} \boldsymbol{v}_1^* \\ \vdots \\ \boldsymbol{v}_n^* \end{pmatrix}$$

と書くと（$\boldsymbol{v}_i^*$ は行ベクトル）

$$A = U\Sigma V^* = \sum_{i=1} \sigma_i \boldsymbol{u}_i \, \boldsymbol{v}_i^*$$

$$A^+ = V\Sigma^+ U^* = \sum_{i=1} \frac{1}{\sigma_i} \boldsymbol{v}_i \, \boldsymbol{u}_i^*$$

となります．$\boldsymbol{u}_i \, \boldsymbol{v}_i^*$ は $m \times n$ 行列です．これらの式から

$$A\boldsymbol{v}_i = \sigma_i \boldsymbol{u}_i$$

$$A^+ \boldsymbol{u}_i = \frac{1}{\sigma_i} \boldsymbol{v}_i$$

も得られます．このように固有値問題が成り立たない場合にも，ここで示したような一般化固有値問題が成り立ち，大変に有用です．

　擬似逆行列の計算を下に示しましょう．

B = pinv(A) は行列 A のムーア–ペンローズ（Moore-Penrose）擬似逆行列

---

[1]δ_{ij} は

$$\delta_{ij} = \begin{cases} 1, i = j \\ 0, i \neq j \end{cases}$$

と定義され，クロネッカー（Kronecker）のデルタという．

を返します.

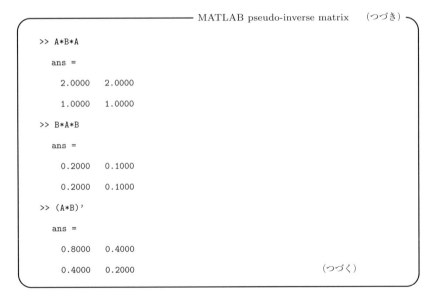

```
                                            ── MATLAB pseudo-inverse matrix ──
    >> A=[2 2; 1 1]
      A =
        2     2
        1     1
    >> rank(A)
      ans =
        1
    >> B=pinv(A)
      B =
        0.2000    0.1000
        0.2000    0.1000                                    (つづく)
```

次に擬似逆行列の4つの性質を確かめます.

```
                              ── MATLAB pseudo-inverse matrix    (つづき) ──
    >> A*B*A
      ans =
        2.0000    2.0000
        1.0000    1.0000
    >> B*A*B
      ans =
        0.2000    0.1000
        0.2000    0.1000
    >> (A*B)'
      ans =
        0.8000    0.4000
        0.4000    0.2000                                    (つづく)
```

```
───────────────── MATLAB pseudo-inverse matrix    (つづき)─

  >> A*B

     ans =

       0.8000    0.4000

       0.4000    0.2000

  >> (B*A)'

     ans =

       0.5000    0.5000

       0.5000    0.5000

  >> B*A

     ans =

       0.5000    0.5000

       0.5000    0.5000
```

11.3 特異値分解の応用

ここでは簡単のために，A は $m \times n$ の実行列であり，その階数は r であるとします．このとき，特異値分解

$$A = U\Sigma V^T$$

が存在します．ただし U および V はそれぞれ，$m \times m$ および $n \times n$ の直交行列で，Σ は $m \times n$ 行列です．特異値 $\sigma_1 \geq \sigma_2 \geq \cdots \geq \sigma_r$ は Σ の対角に並びます．

11.3.1 最小二乗法

(a) 最小二乗法の概要

実変数 x のいくつかの値 x_k $(k = 1, 2, \cdots N)$ に対してデータの値が y_k であるとします．この事象が，関数 $y = f(x)$ で表現できるとしましょう（近似関数）．データ (x_k, y_k) とその理論値（理論曲線）$y = f(x)$ が与えられるとき，標本数（サンプル数）を N として，その誤差の分散は

$$J = \sum_{k=1}^{N} |f(x_j) - y_j|^2$$

と定義されます. J/N を二乗平均誤差といいます. 最小二乗法（最小誤差近似）は, 二乗平均誤差（データの分散）を最小にする近似です.

近似関数として 1 次式 $f(x) = ax + b$ を仮定すれば,

$$J = \sum_{k=1}^{N} |ax_j + b - y_j|^2$$

です. これを a, b でそれぞれ偏微分して 0 とおけば

$$\begin{pmatrix} \boldsymbol{x}^T\boldsymbol{x} & \boldsymbol{x}^T\boldsymbol{u} \\ \boldsymbol{x}^T\boldsymbol{u} & \boldsymbol{u}^T\boldsymbol{u} \end{pmatrix} \begin{pmatrix} a \\ b \end{pmatrix} = \begin{pmatrix} \boldsymbol{x}^T\boldsymbol{y} \\ \boldsymbol{u}^T\boldsymbol{y} \end{pmatrix}$$

を得ます. ただし

$$\boldsymbol{x} = \begin{pmatrix} x_1 \\ \vdots \\ x_N \end{pmatrix}, \quad \boldsymbol{y} = \begin{pmatrix} y_1 \\ \vdots \\ y_N \end{pmatrix}, \quad \boldsymbol{u} = \begin{pmatrix} 1 \\ \vdots \\ 1 \end{pmatrix}$$

と定義します. 具体的には

$$\boldsymbol{u}^T\boldsymbol{x} = \boldsymbol{x}^T\boldsymbol{u} = \sum_{i=1}^{N} x_i \equiv N\overline{x}, \quad \boldsymbol{u}^T\boldsymbol{y} = \boldsymbol{y}^T\boldsymbol{u} = \sum_{i=1}^{N} y_i \equiv N\overline{y}$$

$$\boldsymbol{x}^T\boldsymbol{x} = \sum x_i^2 \equiv N(V(x) + \overline{x}^2) = N(\sigma_{xx} + \overline{x}^2)$$

$$\boldsymbol{x}^T\boldsymbol{y} = \sum x_i y_i \equiv N(\sigma_{xy} + \overline{x}\ \overline{y}) = N(\sigma_{yx} + \overline{x}\ \overline{y})$$

$$\boldsymbol{u}^T\boldsymbol{u} = N.$$

となり, それぞれの平均値 $\overline{x}, \overline{y}$, 分散 σ_{xy}, σ_{xx} などで書かれることがわかります.

今

$$M = (\boldsymbol{x} \quad \boldsymbol{u}) = \begin{pmatrix} x_1 & 1 \\ \vdots & \vdots \\ x_N & 1 \end{pmatrix}, \quad \boldsymbol{a} = \begin{pmatrix} a \\ b \end{pmatrix}$$

とおけば，出発の問題は

$$M\boldsymbol{a} = \boldsymbol{y}$$

となります．さらに既に得られている J を最小とする式は

$$M^T M \boldsymbol{a} = M^T \boldsymbol{y}$$

であることもわかります．

　J を最小にするように $\boldsymbol{a}$ を決める問題を最小二乗問題といい，よく知られた最小二乗法と同等の問題です．またこの解を**最小二乗解**といいます．上式を**正規方程式**といいます．

　連立方程式系 $A\boldsymbol{x} = \boldsymbol{b}$ が与えられたとき，この方程式系の解がない場合には，A の擬似逆行列 A^+ を用いて，$\boldsymbol{x} = A^+\boldsymbol{b}$ が最適解になります．最小二乗解が擬似逆行列を使って表現できることは，A の特異値分解の形を書いた後 Σ および Σ^+ のあからさまな形を考えるとすぐにわかります．この議論に関しては以下を参照してください．

『基礎系数学 線形代数 I』［東京大学工学教程］8.3 節　室田一雄・杉原正顯 著（丸善出版，2015）

(b)　簡単な例

[簡単な例 1]

　平面の 3 点 $(1,1.5),(2,2.5),(3,3)$ に対する最小二乗の意味で最良の直線の方程式を求めてみましょう．

```
                                    — MATLAB Least squares solution ——
  x=[1; 2; 3];

  y=[1.5; 2.5; 3.0];

  u=[1; 1; 1];

  M=[x u];

  a=(M'*M)\(M'*y)
```

こうして

$$\boldsymbol{a} = \begin{pmatrix} a \\ b \end{pmatrix} = \begin{pmatrix} 0.7500 \\ 0.8333 \end{pmatrix}$$

すなわち，直線

$$y = 0.7500x + 0.8333$$

が得られます．この直線は 3 点を通りませんが，最小二乗解の直線です．

[簡単な例 2]

$$A\boldsymbol{x} = \begin{pmatrix} 1 & 1 \\ 1 & 1 \end{pmatrix} \begin{pmatrix} x_1 \\ x_2 \end{pmatrix} = \begin{pmatrix} 3 \\ 1 \end{pmatrix} = \boldsymbol{b} \ .$$

この方程式は解を持ちません．2 つの直線が平行だからです（rank(A)=1）．
これを $A^T A \boldsymbol{x} = A^T \boldsymbol{b}$ と変形すれば

$$A^T A \boldsymbol{x}' = \begin{pmatrix} 2 & 2 \\ 2 & 2 \end{pmatrix} \begin{pmatrix} x_1' \\ x_2' \end{pmatrix} = \begin{pmatrix} 4 \\ 4 \end{pmatrix} = A^T \boldsymbol{b}$$

となります．ここで得られた $A^T A$ は正則ではないので一意的に解の点は定
まりません．しかしすぐに

$$x_1' + x_2' = 2$$

が解であることはわかります．これが最小二乗解です．これは，問題で与え
られた平行な 2 つの直線のちょうど中間にある平行な直線の方程式です．

以上の計算を，擬似逆行列を用いて実行してみましょう．

```
                                    — MATLAB Least squares solution —
   >> A=[1 1;1 1];
   >> b=[3;1];
   >> P=pinv(A)*b
    P =
       1.0000
       1.0000
```

この例のように，擬似逆行列を用いると解 $x_1 + x_2 = 2$ のうちで，$||\boldsymbol{x}||$ が最小のもの（最小ノルム解）が与えられます．

[簡単な例 3]

$$A\boldsymbol{x} = \boldsymbol{b}$$

が解を持つ場合，たとえば

$$A\boldsymbol{x} = \begin{pmatrix} 1 & 1 \\ 2 & 1 \end{pmatrix} \begin{pmatrix} x_1 \\ x_2 \end{pmatrix} = \begin{pmatrix} 3 \\ 1 \end{pmatrix}$$

は解が一意的に定まります．この場合には $A\boldsymbol{x} = \boldsymbol{b}$ を直接解けばよいわけですが，$A^T A\boldsymbol{x} = A^T \boldsymbol{b}$ を解いても同じ解が得られます．A が（したがって A^T が）逆行列を持つからです．

11.3.2　主成分分析 (Principal Component Analysis)

　多くのデータが与えられ，それらが互いに相関のある多数の変数からなっているとき，互いに相関のない少数の変数（**主成分**）で全体のデータを記述することが望まれます．そのような成分を探す方法の1つが**主成分分析**です．

(a) データ行列の特異値分解

[データの標準化]

N 個のサンプルについて，それぞれ P 個の変数（データ）を持つデータ群が与えられていて，サンプル $i(i = 1, \cdots, N)$ についての生のデータを $\{t_{i\alpha}\}(\alpha = 1, \cdots, P)$ とします．このデータが，N 行 P 列の**データ行列** T にまとめられているとします：

| | ← 特徴変数 → | | | |
サンプル番号	1	2	...	P
1	t_{11}	t_{12}	...	t_{1P}
2	t_{21}	t_{22}	...	t_{2P}
⋮	⋮	...	...	...
N	t_{N1}	t_{N2}	...	t_{NP}

一般にこれらの P 個の変数はそれぞれ単位も異なり，値やそのバラツキの大きさも異なります．そのため，しばしばデータの**標準化**という手法がとられます．すなわちデータの中心を 0 と定め，値をそれぞれの標準偏差で規格化します：

$$\bar{t}_s = \frac{1}{N} \sum_{m=1}^{N} t_{ms} \ , \quad \sigma_{t_s}^2 = \frac{1}{N-1} \sum_{m=1}^{N} (t_{ms} - \bar{t}_s)^2 \ ,$$

$$x_{ns} = \frac{t_{ns} - \bar{t}_s}{\sigma_{t_s}} \ , \quad \sum_{m=1}^{N} x_{ms} = 0 \ , \quad \sum_{m=1}^{N} x_{ms}^2 = N-1 \ .$$

データの標準化により，（**標準化された**）**データ行列**は

$$X = \{x_{ij}\} \ , \quad i = 1, \cdots, N, \quad j = 1, \cdots, P$$

です．データの各要素 x_{mi} については

$$\text{平均値} : \ \frac{1}{N} \sum_{m=1}^{N} x_{ms} = 0$$

$$\text{標準偏差} : \ \frac{1}{N-1} \sum_{m=1}^{N} x_{ms}^2 = 1$$

となります.

[データ行列と共分散行列]

$$Q = \frac{1}{N-1} X^T X = \begin{pmatrix} \sigma_{x_1 x_1} & \sigma_{x_1 x_2} & \cdots & \sigma_{x_1 x_P} \\ \sigma_{x_2 x_1} & \sigma_{x_2 x_2} & \cdots & \sigma_{x_2 x_P} \\ \vdots & \vdots & \ddots & \vdots \\ \sigma_{x_P x_1} & \sigma_{x_P x_2} & \cdots & \sigma_{x_P x_P} \end{pmatrix}$$

と定義される $P \times P$ 行列を**共分散行列**と呼びます. ただし

$$\sigma_{x_{s_1} x_{s_2}} = \frac{1}{N-1} \sum_{m=1}^{N} x_{m s_1} x_{m s_2} \ , \quad \sigma_{x_{s_1} x_{s_1}} = \sigma_{x_{s_1}}^2 = 1 \ .$$

[共分散行列の特異値分解]

正規直交行列

$$V = (\boldsymbol{v}_1, \boldsymbol{v}_2, \cdots, \boldsymbol{v}_P) = \begin{pmatrix} v_{11} & v_{12} & \cdots & v_{1P} \\ v_{21} & v_{22} & \cdots & v_{2P} \\ \vdots & \vdots & \ddots & \vdots \\ v_{P1} & v_{P2} & \cdots & v_{PP} \end{pmatrix}$$

を用いて

$$Z = XV \ , \quad (Z)_{m\alpha} = (XV)_{m\alpha} = \sum_{\beta=1}^{P} x_{m\beta} v_{\beta\alpha}$$

という変換を行いましょう. これは各データを特徴付ける $1, \cdots, P$ の変数の線形結合で新しい変数を定義したことになります.

　ここで V を

$$V^T Q V = V^T \, \frac{X^T X}{N-1} \, V = \begin{pmatrix} \sigma_1^2 & 0 & \cdots & 0 \\ 0 & \sigma_2^2 & \cdots & 0 \\ \vdots & \vdots & \ddots & \vdots \\ 0 & 0 & \cdots & \sigma_P^2 \end{pmatrix} = \Sigma$$

を満たすように決めるとすれば

$$QV = V\Sigma \; , \quad Q\boldsymbol{v}_\alpha = \sigma_\alpha^2 \boldsymbol{v}_\alpha \; , \quad \sum_{\alpha=1}^{P} \sigma_\alpha^2 = P$$

となり，Q の固有値問題であることがわかります．つまり主成分分析ではまず共分散行列の固有空間への分解が行われます．

これまでのことを少し整理しましょう．

1. Q の固有値 σ_α^2 $(\alpha = 1, \cdots, P)$ を対角に並べた行列 $\Sigma = \mathrm{diag}(\sigma_1, \sigma_2, \cdots, \sigma_P)$ は共分散行列 Q を対角化（固有空間に分解）したものです．

2. 行列 $X^T X$ の固有値問題：

$$X^T X \boldsymbol{v}_\alpha = \lambda_\alpha^2 \boldsymbol{v}_\alpha.$$

固有値 $\{\lambda_\alpha^2\}$ は大きな順に

$$\lambda_1 \geq \lambda_2 \geq \cdots \geq \lambda_P > 0$$

と並べられているとします．$(\lambda_\alpha, \boldsymbol{v}_\alpha)$ を**第 α 主成分**といいます．

3. 上の諸量をまとめて，

$$\Lambda = \mathrm{diag}(\lambda_1, \cdots, \lambda_P)$$
$$\boldsymbol{u}_\alpha = \frac{1}{\lambda_\alpha} X \boldsymbol{v}_\alpha$$
$$U = (\boldsymbol{u}_1, \cdots, \boldsymbol{u}_P)$$

を定義します $(\lambda_\alpha^2 = (N-1)\sigma_\alpha^2)$．

$$X \boldsymbol{v}_\alpha = \lambda_\alpha \boldsymbol{u}_\alpha$$
$$X^T \boldsymbol{u}_\alpha = \lambda_\alpha \boldsymbol{v}_\alpha$$

などは定義からすぐに証明できます.

4. $\boldsymbol{v}_\alpha$ は正規直交ベクトルですから,$\boldsymbol{u}_\alpha$ も正規直交ベクトルです($U^T U = E : P \times P$ 単位ベクトル).

5. 上から以下の式が成り立つことがわかります:

$$XV = (X\boldsymbol{v}_1, \cdots, X\boldsymbol{v}_P) = (\lambda_1 \boldsymbol{u}_1, \cdots, \lambda_P \boldsymbol{u}_P)$$
$$= (\boldsymbol{u}_1, \boldsymbol{u}_2, \cdots, \boldsymbol{u}_P)\Lambda = U\Lambda$$

これは

$$X = U\Lambda V^T$$

と書き直すことができ,X の特異値分解であることがわかります.

6. また行列 $X^T X$,XX^T のスペクトル分解;

$$X^T X = \sum_{\alpha=1}^{P} \lambda_\alpha^2 \boldsymbol{v}\boldsymbol{v}^T ,$$
$$XX^T = \sum_{\alpha=1}^{P} \lambda_\alpha^2 \boldsymbol{u}\boldsymbol{u}^T$$

が成り立ちます.

(b)　主成分分析の例

MATLAB が提供しているデータ hald(セメントの発熱と混合成分)を例に主成分分析の演習をしましょう.hald というファイルが提供されていますので,それを用います.hald では,13 種類のセメント組成に対して,ingredients 部分(4 つの列)には 4 種類のセメント原料の組成率が与えられています.この部分をデータ行列 T とします.

```
                                                    ── MATLAB
>> load hald
>> T=ingredients ;
```

こうして読み込んだデータ行列 T を見てみましょう.

```
──────────────────────────────────── MATLAB ─

>> T

 T =

    7    26     6    60

    1    29    15    52

   11    56     8    20

   11    31     8    47

    7    52     6    33

   11    55     9    22

    3    71    17     6

    1    31    22    44

    2    54    18    22

   21    47     4    26

    1    40    23    34

   11    66     9    12

   10    68     8    12
```

- 各列について要素の平均値 ts および標準偏差 sigts を計算します. 平均値は mean, 分散は var が与えます.

```
──────────────────────────────────── MATLAB ─

>> ts=mean(T)

  ts =

  7.4615   48.1538   11.7692   30.0000

>> sigts=sqrt(var(T))

  sigts =

  5.8824   15.5609    6.4051   16.7382
```

- コマンド zscore を使い, 平均値, 標準偏差, 標準化されたデータ行列を計算します.

```
────────────────────────────────── MATLAB  入力と出力 ─

>> [X, ts, sigts]=zscore(T)
 X =

   -0.0785   -1.4237   -0.9007    1.7923

   -1.0985   -1.2309    0.5044    1.3144

    0.6015    0.5042   -0.5885   -0.5974

    0.6015   -1.1024   -0.5885    1.0156

   -0.0785    0.2472   -0.9007    0.1792

    0.6015    0.4400   -0.4323   -0.4779

   -0.7585    1.4682    0.8167   -1.4338

   -1.0985   -1.1024    1.5973    0.8364

   -0.9285    0.3757    0.9728   -0.4779

    2.3015   -0.0742   -1.2130   -0.2390

   -1.0985   -0.5240    1.7534    0.2390

    0.6015    1.1469   -0.4323   -1.0754

    0.4315    1.2754   -0.5885   -1.0754
 ts =

    7.4615   48.1538   11.7692   30.0000
 sigts =

    5.8824   15.5609    6.4051   16.7382
```

ts, sigts, X はそれぞれ，元のデータ行列の各列ベクトル成分に関する平均値 $\bar{t}_s$，標準偏差 σ_{t_s}，および標準化されたデータ行列 X です．mean, var を用いた計算と比較して確認してください．

- X の共分散行列 Q は（ここでは $N = 13$ ですから）MATLAB の言葉で書けば Q=X'*X/12 です．さらに，共分散行列の固有値 σ_α^2 を対角に並べた行列 SIGMA2，固有ベクトル（主成分 $\alpha = 1, \cdots, P$）を各列成分（もとの ingredients=1, $\cdots P$ を行成分）として並べた行列 V を計算します：

```
                                                          ── MATLAB ──
  >> Q=X'*X/12
    Q =
       1.0000    0.2286   -0.8241   -0.2454
       0.2286    1.0000   -0.1392   -0.9730
      -0.8241   -0.1392    1.0000    0.0295
      -0.2454   -0.9730    0.0295    1.0000
  >> [V SIGMA2]=eig(Q)
    V =
       0.2411    0.6755    0.5090   -0.4760
       0.6418   -0.3144   -0.4139   -0.5639
       0.2685    0.6377   -0.6050    0.3941
       0.6767   -0.1954    0.4512    0.5479
    SIGMA2 =
       0.0016         0         0         0
            0    0.1866         0         0
            0         0    1.5761         0
            0         0         0    2.2357
```

SIGMA2 は Q の固有値行列ですから，主成分分散 σ_α^2 を対角に並べたものです．列は σ_α の昇順です．

さらに行列 Z=X*V を計算してみてください．これは固有ベクトル V（の各列）の4つの変分成分を，13個のサンプル成分で書き換えたものです．

- これまでの計算を特異値分解で計算します：

```
                                                             ─ MATLAB ─
  [U1 Lambda1 V1]=svd(X)

  Lambda1 =

   5.1796        0        0        0

        0   4.3489        0        0

        0        0   1.4964        0

        0        0        0   0.1396

        0        0        0        0

        0        0        0        0

        0        0        0        0

        0        0        0        0

        0        0        0        0

        0        0        0        0

        0        0        0        0

        0        0        0        0

  V1 =

   0.4760  -0.5090   0.6755   0.2411

   0.5639   0.4139  -0.3144   0.6418

  -0.3941   0.6050   0.6377   0.2685

  -0.5479  -0.4512  -0.1954   0.6767
```

ここの V1 は前頁の V と同じもの（列の並べ方は降順），Lambda1 は X
の特異値 λ_α を並べた行列です．$\lambda_\alpha^2 = (N-1)\sigma_\alpha^2$ より，各成分に対し
て Lambda1 $= \sqrt{12 \times \mathtt{SIGMA2}}$ であることが確かめられます．

- これまでの計算（主成分分析）を一度に行うコマンドが pca です：

```
                                                     ─ MATLAB ─
 [COEFF,SCORE,LATENT] = pca(X)
```

これらの返り値の列は主成分分散 σ_α^2 の大きい方からの順（降順）に
並びます．COEFF は $N \times p$（標準化された）データ行列 X の主成分係
数（負荷量）V1 を，SCORE は主成分スコア Z=X*V1 を，LATENT は主成
分分散 σ_α^2（SIGMA2）を返します：

    COEFF = V1　　（主成分係数）

    SCORE = X*V1　　（主成分スコア）

結果は以下のようになります．

```
                                                  ─ MATLAB 出力 ─
  COEFF =

    0.4760   -0.5090    0.6755    0.2411

    0.5639    0.4139   -0.3144    0.6418

   -0.3941    0.6050    0.6377    0.2685

   -0.5479   -0.4512   -0.1954    0.6767          （つづく）
```

```
SCORE =

  -1.4672   -1.9030   -0.5300    0.0385

  -2.1358   -0.2384   -0.2902   -0.0298

   1.1299   -0.1839   -0.0107   -0.0937

  -0.6599   -1.5768    0.1792   -0.0331

   0.3588   -0.4835   -0.7401    0.0192

   0.9666   -0.1699    0.0857   -0.0122

   0.9307    2.1348   -0.1730    0.0083

  -2.2321    0.6917    0.4597    0.0226

  -0.3515    1.4322   -0.0316   -0.0450

   1.6625   -1.8281    0.8512    0.0198

  -1.6402    1.2951    0.4942    0.0314

   1.6926    0.3922   -0.0198    0.0372

   1.7457    0.4375   -0.2746    0.0368

LATENT =

   2.2357

   1.5761

   0.1866

   0.0016
```

第12章 非線形微分方程式

12.1 相空間と安定性

捕食系の振る舞いをよく捉えたモデルとして，ボルテラ系（あるいはロトカ–ボルテラ方程式）があります：

$$\frac{dx}{dt} = x - xy$$
$$\frac{dy}{dt} = xy - y.$$

x, y はそれぞれ被捕食者，捕食者の個体数です．この式は $t \to -t,\ x \leftrightarrow y$ の変換に対して不変です．

これから

$$\frac{dx}{dy} = \frac{dx/dt}{dy/dt} = -\frac{x - xy}{y - xy} = -\frac{1 - \frac{1}{y}}{1 - \frac{1}{x}}$$

となり

$$\left(1 - \frac{1}{x}\right)dx + \left(1 - \frac{1}{y}\right)dy = 0$$

が得られます．これを積分して

$$(x - \log x) + (y - \log y) = C$$

が解となります．書き直して，解は，x-y 空間で

$$xy\,\mathrm{e}^{-x-y} = f = 一定$$

の曲線上を動くことがわかります. $x \leftrightarrow y$ とすると曲線上の動きは反対向きとなります.

　このような解析は重要です. ここで x-y 空間を**相空間**と呼びます. 相空間での振る舞いを知ることが, 解の性質, 特に解の安定性 (充分時間がたったとき, 解が有限の領域に留まらないとき, その解を '不安定' といいます) を知るために大変重要です. 上の解曲線を相空間の中で描いてみましょう.

──────── MATLAB スクリプト AutnomousSystemDraw.m ────────

```
[x,y] = meshgrid(0:0.01:3);    f=x.*y.*exp(-x-y);

[C,h] = contour(x,y,f,5);

clabel(C,h,'manual');

hold on

[x,y] = meshgrid(-3:0.1:3);    f=x.*y.*exp(-x-y);

[C,h] = contour(x,y,f,25);

clabel(C,h,'manual');

[C,h] = contour(x,y,f,500);

clabel(C,h,'manual');

hold on
```

得られた解曲線は図 12.1 です. これらから $f = $ 一定 の等高線図の描き方がわかるでしょう.

- [x, y]=meshgrid (始点:間隔:終点) により, 2 次元空間 x-y のメッシュを定義.

- contour で, 描くべき等高線を定義する. 最後のパラメータで等高線数を選択.

- clabel で等高線の値をラベルに与える. パラメータ'manual' はラベル付けをマニュアルで行うことを指示. ラベル付けする等高線までカーソルを持っていきそこでマウスをクリック. ラベル付けすべき等高線を全部選択し終わったら, グラフウィンドウをアクティブにしたまま

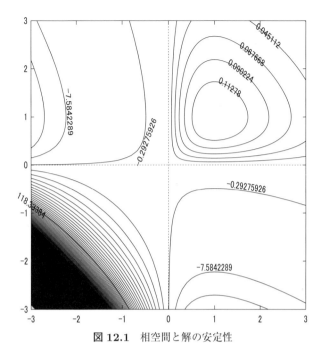

図 12.1　相空間と解の安定性

RETURN キーを押す.

- すべてが終わると，別々に描いた等高線図を重ねたもの（図 12.1）が
  表示される.

12.2　非線形微分方程式の例

　ボルテラ系のような非線形微分方程式を，MATLAB を用いて数値的に解
いてみましょう.

12.2.1　ロトカ-ボルテラ方程式

　前の図 12.1 と同じ系を，数値的に積分することで，取り扱ってみましょ
う.

まず連立微分方程式を定義します（dydt0.m）.

- 元の式と比較せよ. 変数は x=y(1), y=y(2) としている.

```
                         ── MATLAB スクリプト Lotka-VolterraEquation dydt0.m ─
function dydt0 = dydt0(t,y)

dydt0 = [y(1)-y(1)*y(2);y(1)*y(2)-y(2)];

end
```

メインプログラムでは次のようになります.

- メインプログラム AutnomousSystem.m の 1 行目で, 微分方程式の設定をしている.

- 2 行目では関数 odeset を用いてオプション opts を定義し, ODE45 を用いて微分方程式を解く際の相対許容誤差と絶対許容誤差を調整している.

- 3 行目では微分方程式で, ODE45 を用いて微分方程式を解く. 時間 t は $(0,20)$ の範囲で変化, 初期値は $x(0) = 1.0, y(0) = 1.8$ と設定.

- 4 行目以降は, 結果を図に描く指示.

――――― MATLAB スクリプト AutnomousSystem.m ―――

```
ode=@(t,y)dydt0(t,y);

opts = odeset('RelTol',1e-6,'AbsTol',1e-7);

[t,y]=ode45(ode,[0,20],[1.0,1.8],opts);

subplot(1,2,1);plot(t,y(:,1),'-k','LineWidth',1);

  hold on

  plot(t,y(:,2),'--k','LineWidth',1);

  xlabel('t');ylabel('solution x and y');

  txt2=sprintf('%.6f',1.0); txt3=sprintf('%.6f',1.8);

              title(['Lotka-Volterra equation:  Starting Pt y0=(',txt2,',
',txt3,')'])

  legend('x(t)','y(t)')

subplot(1,2,2);plot(y(:,1),y(:,2),'-k','LineWidth',1);

  xlim([0 2.0]);ylim([0 2.0])

  xlabel('x(t)');ylabel('y(t)');

              title(['Lotka-Volterra equation:  Starting Pt y0=(',txt2,',
',txt3,')'])
```

- 1 つの図に 2 つの図を収めることを, `subplot` コマンドで定義する. `subplot(1,2,n)` は, 図を全体として 1 行 2 列に並べ, そのうちの n 番目の図として配する, という意味.

- `txt2=sprintf(`$\cdots$`)`, `txt3=sprintf(`$\cdots$`)` で, 図の説明に書き込む変数（初期値）を定義. `sprintf` はデータから書式を指定した文字列データに変換する.

- 第 1 の図は $x(t), y(t)$ を時間 t の関数として, 第 2 の図は $(x(t), y(t))$ の軌道を表している. ここでは $x, y > 0$ の領域で, 周期軌道（閉軌道）のみを示している.

　結果はわかりやすいと思います. x（被捕食者＝餌）の数が減少（増加）すると y（捕食者）の数が減少（増加）しはじめます. しばらくすると y の

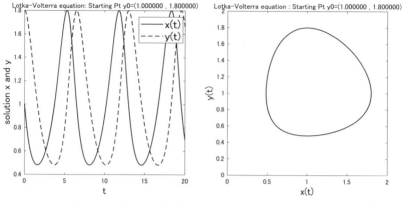

図 12.2 ボルテラ系（あるいはロトカ–ボルテラ方程式）

数が減った（増えた）ため，x（餌）の数が増加（減少）しはじめます．このようなサイクルが周期的に繰り返されます（周期軌道上の解）．図 12.2 が結果です．

12.2.2 その他の非線形微分方程式

- ロトカ–ボルテラ（Lotka-Volterra）微分方程式

- ファンデルポール（van del Pol）微分方程式

- ローレンツ（Lorenz）方程式

- ダフィン（Duffing）方程式

- 遅延微分方程式（delay differential equation）

- 反応拡散（reaction-diffusion）方程式

これらに対するソルバーが MATLAB のページあるいはユーザーのページに公開されています．ページは自分で作成することに特別な困難はありませんが，参考にするとよいでしょう．web 検索で MATLAB… と入力すると簡単に見つけられます．

第 VI 部

応用編

第13章

信号処理

13.1 フーリエ変換

　フーリエ変換は連続変数による積分変換です．多くの場合には，離散的変数値を用いた有限項の和に置き換える必要があります．したがって，実際には離散変数のフーリエ変換，あるいは離散変数のフーリエ級数展開が必要です．

13.1.1 連続変数を離散変数に（離散フーリエ変換）

　関数 $f(x)$ は区分的に滑らか（いくつかの孤立した点以外では滑らか）で連続であり，$[0, 2a]$ を基本の区間として周期 $2a$ の周期関数とします．このような周期関数の複素フーリエ級数展開は

$$f(x) = \sum_{n=-\infty}^{\infty} c_n e^{i\frac{n\pi x}{a}} \quad ,$$

$$c_n = \frac{1}{2a} \int_{-a}^{a} f(x) e^{-i\frac{n\pi x}{a}} dx$$

と表されます．

　区間 $[0, 2a]$ を

$$0 = x_0 < x_1 < x_2 < \ldots < x_{N-1} < x_N = 2a,$$

$$x_k = \frac{2ak}{N} \quad (k = 0, 1, \ldots, N-1) \ , \quad \delta k = \frac{2a}{N}$$

のように N 等分します．これにより，c_n の定義式において，連続な積分 $(1/2a) \int dx$ を離散的に設定した分点上の和 $(1/N) \sum$ によって近似します：

$$c_n = \frac{1}{N} \sum_{k=0}^{N-1} f\left(\frac{2ak}{N}\right) e^{-i\frac{2nk\pi}{N}} \quad .$$

あるいは次のように書き換えます：

$$\omega = \exp\frac{2\pi i}{N},$$

$$f_k = f(x_k), \quad k = 0, 1, 2\ldots, N-1$$

$$c_n = \frac{1}{N} \sum_{k=0}^{N-1} f_k \cdot (\bar{\omega})^{nk}, \quad n = 0, 1, 2, \ldots, N-1 \quad .$$

$\{f_0, f_1, \ldots f_{N-1}\}$ から $\{c_0, c_1, \ldots, c_{N-1}\}$ への変換を **離散フーリエ変換** と呼びます．この逆変換（**離散フーリエ逆変換**）は

$$f_k = \sum_{n=0}^{N-1} c_n \omega^{nk} \qquad (k = 0, 1, 2, \ldots, N-1)$$

です．この式を直接確かめてみましょう．

ω および c_n の定義により

$$\sum_{n=0}^{N-1} c_n \omega^{nk} = \frac{1}{N} \sum_{k'=0}^{N-1} f_{k'} \sum_{n=0}^{N-1} \omega^{n(k-k')} = \frac{1}{N} \sum_{\substack{k'=0 \\ (k' \neq k)}}^{N-1} f_{k'} \frac{1 - \omega^{N(k-k')}}{1 - \omega^{(k-k')}} + f_k$$

$$= f_k$$

となります．ω は 1 の N 乗根（$\omega^N = 1$）ですから 1 行目最後の式の第 1 項は 0 となり，第 2 項のみが残ります．これで式 $f_k = \sum_{n=0}^{N-1} c_n \omega^{nk}$ を直接確かめることができました．

　離散フーリエ（逆）変換は直接この式に従って計算すると，n と k はともに 0 から $N-1$ まで動きますから，N^2 に比例する乗・加算が必要です（正しくは乗算 N^2 回，加算 $N(N-2)$ 回．このため N の増加に伴う計算の手間の増加は急激で，N が 300 程度になると実用上無視できない問題と

なります. 効率よく計算を行うという点から, 高速フーリエ変換 (FFT= Fast Fourier Transform) という有効かつ重要な計算アルゴリズムが発明されました. 特に FFT は, アルゴリズムの重要性を示したという点, また計算科学に新しい視点を持ち込んだという意味で, 20 世紀最大の発明の 1 つと考えられています.

MATLAB では離散フーリエ変換は, 高速フーリエ変換 fft というルーチンが用意されていますので, これを用いて行います. 以下に具体例を示しましょう.

13.1.2 高速フーリエ変換——MATLAB を用いて

Y=fft(X) は高速フーリエ変換 (FFT) アルゴリズムを使用して, X の離散フーリエ変換 (DFT) を計算します. 実際の FFT アルゴリズムについて興味のある方は, 専門のテキストを参照してください.

- 最初の 4 行は信号のパラメータの設定：サンプリング周波数 Fs=1 kHz, 信号の持続期間 L*T=1.5 秒を指定.

- 5〜7 行目で, 信号 Signal, 雑音 Noise, 両者を重ねた入力信号 X を指定.

- 8〜12 行目で入力信号等をプロット.

- 13 行目で Y=fft(X) により信号の周波数分解を実行.

- 14 行目以降で周波数分解スペクトルをプロット.

```
                                    ─ MATLAB スクリプト FastFourierTransfort.m ─

    Fs = 1000;          % Sampling frequency

    T = 1/Fs;           % Sampling period

    L = 1500;           % Length of signal

    t = (0:L-1)*T;      % Time

    Signal = 0.5*sin(2*pi*50*t) + 1.0*sin(2*pi*120*t);

    Noise = 2.0*randn(size(t));

    X = Signal+ Noise;

    subplot(2,1,1);plot(1000*t(1:50),Signal(1:50),'-');

    hold on

    subplot(2,1,1);plot(1000*t(1:50),X(1:50))

      title('Signal + Random Noise')

      xlabel('t');ylabel('X(t)')

    Y = fft(X);

    P2 = abs(Y/L);    P1 = P2(1:L/2+1);

    f = Fs*(0:(L/2))/L;

    subplot(2,1,2);plot(f,P1)

      title('One-Sided Power Spectrum')

      xlabel('f');ylabel('|P1(f)|')
```

図 13.1 が信号をフーリエ成分に分解した結果です.

- 2 つのサイン関数を重ねた信号 (Signal) と白色ノイズ (Noise) を生成. この 2 つを重ねて実時間信号スペクトル (X) を作成し, これを入力信号のサンプルとする. 図 13.1 (上) に Signal と X を表示. 横軸 t は 1000 倍でスケールしてある.

- 周波数スペクトル Y をプロットした図 13.1 (下) には, 一様なノイズの中の f=50, 120 のところに鋭いピークが見え, その強度も入力強度の相対的強さ (1:2) を反映している.

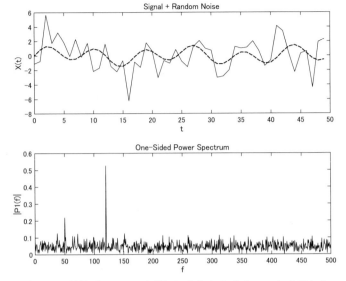

図 13.1 信号（Signal, 点線）に白色ノイズ（Noise）を重ねた実時間信号スペクトル（X, 実線）（上）とその FFT による周波数スペクトル（下）.

13.2 ウェーブレット変換

13.2.1 ウェーブレット変換の理論

フーリエ変換は，三角関数を重ね合わせることにより与えられた信号を再現しようというものでした．三角関数の性質は理解しやすく，またそれが持つ直交性，完全性も理解しやすいため，フーリエ変換は大変わかりやすく広く用いられています．それは無限に広がり，かつ周期性を持つということに起因した性質によっています．

局所的に特徴を備えた非周期信号の取り扱いは，フーリエ変換の最も不得手とするところです（デルタ関数と平面波関数という両極端の波の性質は，量子力学では実空間と運動量空間，あるいは観測時間と周波数の間の不確定性原理として広く知られています）．

(a)　ウェーブレット変換と逆変換

このような欠点を持たないウェーブレット（Wavelet）と呼ばれる方法が開発されています．ウェーブレットとは，時刻 b を中心とした狭い時間幅 a の中の信号波 $\psi_{a,b}(t)$ の重ね合わせで，解析したい波を表現する方法です：

$$\psi_{a,b}(t) = \frac{1}{\sqrt{a}}\psi\left(\frac{t-b}{a}\right) \ .$$

ψ は，狭い幅の中で 0 でない値を持つ波です．$\psi_{a,b}(t)$ は 2 乗可積分（2 乗して全域で積分しても有限値を与える性質）です（図 13.2）．$a,\ b$ をいろいろ変えた波（波の中心をずらしたり，波の広がり方を変える）$\psi_{a,b}(t)$ を重ね合わせることにより，解析したい波の特徴を捉えるようにします．

連続なウェーブレット $\psi_{a,b}(t)$ を用いた次の積分変換（関数 $f(t)$ を 2 乗可積分関数として）

$$[W_\psi f](a,b) = \int_{-\infty}^{\infty} dt \ \overline{\psi_{a,b}(t)} \ f(t)$$

を連続ウェーブレット変換と呼びます．$[W_\psi f](a,b)$ は a,b の有界連続関数となります．

選んだウェーブレット $\psi_{a,b}(t)$ がある条件（許容条件（Admissibility Condition）という）を満たすなら，次の逆変換が成り立ちます：

$$f(t) = C_\psi^{-1} \int_{-\infty}^{\infty} da \int_{-\infty}^{\infty} db \ a^{-2} \ [W_\psi f](a,b) \ \psi_{a,b}(t) \ .$$

係数 C_ψ は $\psi_{a,b}(t)$ のフーリエ変換の適当な積分であり，また許容条件はこれが有限の値であることです．ウェーブレット変換は高速フーリエ変換を用いて計算できます．詳細は他の教科書（たとえば『応用のためのウェーブレット』日本応用数理学会監修，山田道夫・萬代武史・芦野隆一著，共立出版，2016 など）を参照してください．

(b)　代表的なウェーブレット

代表的なウェーブレット（マザーウェーブレット）として，次のようなものが用いられます：

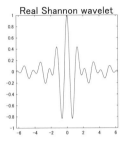
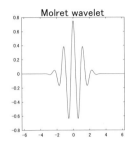
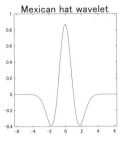

図 13.2 代表的なウェーブレット $\psi(t)$.

(1) Real Shannon wavelet (sinc wavelet)：

$$\psi(t) = 2\,\text{sinc}\,(2t) - \text{sinc}\,(t) = \frac{\sin(2\pi t) - \sin(\pi t)}{\pi t}$$

(2) Molret wavelet：$\psi(t) = \pi^{-1/4} \exp(-\frac{t^2}{2}) \cos\left(\pi t \sqrt{\frac{2}{\log 2}}\right)$

(3) Mexican hat wavelet：$\psi(t) = \frac{2}{\sqrt{3}\pi^{1/4}}(1 - t^2)\,\exp\left(-\frac{t^2}{2}\right)$

これらを図 13.2 に示します.

(c) 直交基底によるウェーブレット展開

ウェーブレット $\{\psi_{j,k}\}_{j,k\in\mathbb{Z}}$ が 2 乗可積分関数系の正規直交基底となるなら，任意の関数 $f(t)$ がこれにより展開できます：

$$f(t) = \sum_j \sum_k c_{j,k}\psi_{j,k}(t)\ .$$

展開係数 $c_{j,k}$ を詳細係数と呼びます.

13.2.2 MATLAB によるウェーブレットの応用

短時間の信号の解析にはウェーブレット変換が有効です. MATLAB でウェーブレットを用いるには，Wavelet Toolbox が必要です.

(a) ノイズ除去

ノイズは，信号をウェーブレットに分解した後の高周波数成分に含まれ，意味のある信号情報はほとんどありません. 結果を図 13.3 に示します. プ

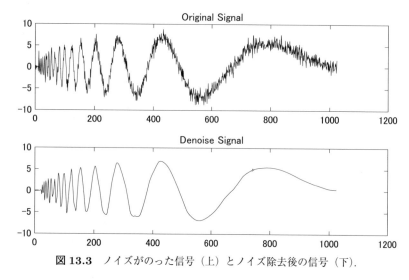

図 13.3 ノイズがのった信号（上）とノイズ除去後の信号（下）.

ログラムは以下です.

```
────────────────────── MATLAB スクリプト WaveletDenoising.m ──

load noisdopp
subplot(2,1,1);plot(noisdopp)
  title('Original Signal');
  hold on
denoise = wdenoise(noisdopp);
subplot(2,1,2);plot(denoise)
  title('Denoise Signal')
```

- 1 行目：Wavelet Toolbox に用意されている 1 次元信号強度の入った 1×1024 データ noisdopp (noisy Doppler signal) をロードし使用.

- ウェーブレットのノイズ除去プログラム wdenoise(x) を使用. wdenoise(x, level) とすれば閾値指定も可能. level に関してはマニュアル参照のこと.

(b)　データ圧縮

　写真やイラストの画像ファイルとして用いられる GIF, JPEG, JPEG2000 などは画像の圧縮形式を意味します．これらのファイル形式ではデータ圧縮の際に，色数を落とす方法（GIF）あるいは色調の変化のデータを落とす方法（JPEG, JPEG2000）を採用し，それぞれの方式で作られた画像ファイルには拡張子 .gif, .jpg あるいは .jp2 が付きます．

　JPEG と JPEG2000 では，その色を周波数成分に分解しそのうちの高周波成分を落とすことにより，データ圧縮を行います．入力画像に対する周波数変換には，JPEG では離散フーリエ変換を，JPEG2000 では離散ウェーブレット変換を利用します．両方式にはその他にも大きな相違点もあります．

　ここでは離散ウェーブレット変換を用いたデータ圧縮を，MATLAB を用いて行ってみましょう．データ圧縮は $1/2^N$ 単位で高周波成分を平滑化していきます．高周波成分を落とすため，データ圧縮を大きく進めると像の明瞭さが失われます．

　以下手順を追っていきましょう．

- **Step1**. ここでは自前の JPEG2000 ファイル Jolly.jp2 を利用する．imread('….jp2') とする：

```
                                              ── MATLAB スクリプト ──

X1=imread('Jolly.jp2');

X=rgb2gray(X1);

size(X)

colormap('gray');

image(X);

title('Original Image 0') ; hold off
```

- image(X) は、配列 X 内のデータをイメージとして表示する．
- X=rgb2gray(X1) は RGB 画像ファイル X1 からグレースケールの

図 **13.4** 画像データ圧縮のためのサンプル（690 × 535）.

画像に変換する．これで目的の白黒画像が得られる（図 13.4）.

- size(X) でデータ X の情報（690 × 535）を確認できる.

- **Step2**. データ分解のプロセス：

MATLAB スクリプト

```
wv = 'db1';

[cfs,inds] = wavedec2(X,3,wv);
```

wavedec2(X,3,wv) は ウェーブレット wv（上の指定では，Daubechies ファミリ の db1-ウェーブレット）を使用して行列 X の レベル 3 の 2 次元ウェーブレット分解を行うことを指示.

- **Step3**. 分解データ cfs からレベル 2（64×64），およびレベル 3（32× 32）のデータを抽出．レベル 2 のスクリプトのみ以下に示す．図 13.5

図 13.5 ウェーブレットによりデータ圧縮された画像.（左）レベル 2（173×134）と（右）レベル 3（87×675）. 図 13.4 の画素数の違いを考えよ.

にはレベル 2 および 3 の両方の画像を示す.

```
                                    ┌── MATLAB スクリプト
cfs2 = appcoef2(cfs,inds,wv,2) ;

figure ;

imagesc(cfs2)

colormap('gray')

title('Level 2 Approximation Coefficients')

size(cfs2)
```

第14章 | 行列の特異値分解を用いた低ランク近似と画像圧縮

デジタルな画像について，その処理に特異値分解を応用してファイル容量を圧縮することができます．

14.1 画像の行列表現と低ランク近似

画像データは3色に分けて，$n \times m$ ピクセルの点に（サイズ $n \times m \times 3$）8 bit 整数データとして収められます．これは2次元行列のデータと見ることができます．

簡単のために画像を白黒画像とし，そのデータをどの程度圧縮できるか考えてみましょう．画像データの2次元行列の特徴を，どの程度少ない行列要素によって再現できるかという問題です．ここでは**行列の特異値分解を用いた低ランク近似**を採用して考えます．

もとの画像が白黒で $n \times m$ 行列 I で与えられているとします．ピクセル数は変えないでおきます．データ量は

$$n \times m$$

です．実際にはこのファイルに 8 bit データを載せて，各点の明度を2進数を用い 256 段階（$2^8 = 256$）で表します．

この行列を特異値分解

$$I = USV^T$$

するのです．特異値分解のために数値計算をします．そのためには 8 bit デ

ータを実数型に直さなくてはいけません.

必要な情報データ量は $P = \min(n, m)$ として,

$$P \times (1 + n + m)$$

です. $\min(n, m)$ は, n か m のいずれか小さい方の値を意味します.

このままでは最初のデータ量 $n \times m$ より大きくなります. しかし画像を認識するにはこのようなデータ全部が必要ではありません. P をどの程度小さくできるかがポイントです. P を n, m の 10 分の 1 にすることができれば, 全体として数分の 1 までデータを圧縮しても元のデータが持つ情報量を落とさない, あるいは元の画像が持つ特徴を, 特異値という形で捉えることができた, ということになります.

14.2 MATLAB を用いた画像圧縮

k 個の特異値を用いるとして, k をどの程度まで小さくできるか, データ量

$$k \times (1 + n + m)$$

をどこまで小さくできるかがポイントとなります. 実際に MATLAB を用いてやってみましょう.

Step1. 自分が撮影した画像ファイル, たとえば YasudaP.jpg を行列 img として読み込みます. その際に, 画像ファイルの置いてあるフォルダーが, MATLAB の「現在のフォルダー」に見えるようにします:

```
──────────────── MATLAB 入力 ─
    >> img=imread('YasudaP.jpg');
```

この中身がどのようなファイルか, whos コマンドを用いて確認します.

```
                                    ─ MATLAB 入出力 ─
  >> whos img

   Name         Size           Bytes    Class   Attributes
   img      2515 × 2525 × 3   19051125  uint8
```

画像ファイル YasudaP.jpg は img(2515, 2525, 3) ファイルとし
て読み込まれました. unit8 はデータ形式が符号なし整数 (un-
signed integer) 8 bit ファイルであることを示しています.

Step2-1. カラー画像は RGB 画像といい, 3 枚の異なる色の 2 次元画像か
らなります. R(red), G(green), B(blue) が, 行列の 3 番目の引
数の 1 ~ 3 に対応します.

```
                                    ─ MATLAB 入力　つづき ─
  >> redImg = img(:,:,1);
  >> greenImg = img(:,:,2);
  >> blueImg = img(:,:,3);
```

とすれば, RGB の 3 要素を分離して, それぞれが白黒画像に変
換されます.
　これらの画像ファイルを開いて見るには, たとえば

```
                                    ─ MATLAB 入力　つづき ─
  >> imtool(redImg)
```

とします. あるいは

```
                                    ─ MATLAB 入力　つづき ─
  >> imwrite(redImg, 'redImg.jpg');
```

として, 画像ファイル redImg.jpg に出力することもできます.

Step2-2. 3 つのファイルを加えて, 白黒画像ファイルを作ります. カラー
画像を一度に白黒画像に変換するためには rgb2gray という関数
が用意されています.

─────────── MATLAB 入力　つづき

```
>> grayImg=rgb2gray(img);
>> imtool(grayImg)
```

2行目で画像を確認しています．この関数 rgb2gray では重み付加算

$$\text{gray} = 0.2989\text{R} + 0.5870\text{G} + 0.1140\text{B}$$

を用いています．

　このファイル grayImg は少し大きすぎます．ファイルサイズを小さくしておきましょう．そのために画像ファイルを小さくするための関数 imresize を使います．

─────────── MATLAB 入力　つづき

```
>> grayImg0=imresize(grayImg,0.2);
```

これでファイルのピクセル数が縦横それぞれ 0.2 倍になります．この程度の大きさで，目で見るには充分でしょう．grayImg0 の内容を確認します．

─────────── MATLAB 入力　つづき

```
>> whos grayImg0
        Name        Size      Bytes    Class    Attributes
      grayImg0    503 × 505   254015   uint8
```

$254015 = 503 \times 505$．数値は Byte 単位です（2^8 : 8 bit=1 Byte）

Step3. 次に行列の特異値分解を行いますが，整数クラス uint8 のままでは数値演算に不向きです．そのため行列のデータを関数 double を用いて 64 bit 倍精度浮動小数点数に変換します．

――――――――――――――――――――――― MATLAB 入力　つづき ―

```
>> grayImggray0=double(grayImg0);
>> whos grayImggray0

        Name            Size        Bytes     Class     Attributes
    grayImggray0     503 × 505     2032120    double
```

$2032120 = 503 \times 505 \times 8 : 64\,\text{bit}=8\,\text{Byte}$

これで特異値分解の準備が整いました. `grayImggray0` の特異値
分解です.

――――――――――――――――――――――― MATLAB 入力　つづき ―

```
>> [U,S,V] = svds(grayImggray0,50);
```

ここでのパラメータ 50 は, 特異値の大きな方から 50 個で分解す
るということを指示します.

　こうして 50 個の特異値で行列を再成します.

――――――――――――――――――――――― MATLAB 入力　つづき ―

```
>> gray50=U*S*V';
```

`gray50`, `U`, `S`, `V` の大きさを `whos` コマンドを用いて確認した結果
を示します：

Name	Size	Bytes	Class	Attributes
gray50	503 × 505	2032120	double	
U	503 × 50	201200	double	
V	505 × 50	202000	double	
S	50 × 50	20000	double	

`S` は 50 個の特異値が収納された対角行列ですからほとんどの要素
が 0 です. したがって, `S` については 50 × 50 の要素は不要で 50
個だけで充分です. こうしてデータ量が大きく圧縮されました：

$$503 \times 505 \rightarrow 50 \times (1 + 503 + 505)$$

$k = 50$ をいろいろ変えて, 画像の再現性を確認してみてくださ
い. 実際には k の値を 50 よりもっと小さくしても何が映ってい

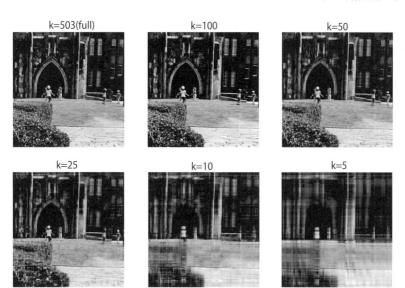

図 14.1 特異値を用いた画像（安田講堂前で遊ぶ幼児たち）の低ランク近似. 大きい方から k 個の特異値（固有値）を用いた.

るか充分識別できるでしょう.

Step4. gray50 は double のデータ型行列です. 画像ファイルとするために uint8 型に変換します.

─────────────────── MATLAB 入力　つづき ─

```
>> igray50=uint8(gray50);
```

Step5. 最後は結果を画像ファイルとして書き出して保存します.

─────────────────── MATLAB 入力　つづき ─

```
imwrite(igray50, 'gray50.jpg');
imwrite(igray50, 'gray50.png');
```

これらの結果を図 14.1 に示します. 特異値の 10 分の 1 程度（$k \simeq 50$）で充分に元の画像が再現されています.

第15章 シミュレーション

15.1 シミュレーションとは

　実際のシステムでは，システムを動かしてその動きを確かめることが難しい，危険だ，手間がかかりすぎるため実際のシステムで条件を種々変えることができない，あるいは，実際の現象がゆっくりしているため限られた時間内に知見を得ることができない，逆に非常に高速な現象であったりシステムの内部の現象であるため観測不能である，というのが自然の現象や大規模災害では普通です．興味があり重要であるにもかかわらず観測できないばかりでなく，現象をコントロールするパラメータを任意に変えることができず，現象の知見を充分に得ることが難しいことが多くあります．このような場合，シミュレーション（simulation）という手法によってシステムの特性や現象の実際が調べられます．

　実物大の模型あるいは実物を縮小した模型を作って風洞や水槽の中で試験するのもシミュレーションの一種です．ここで取り上げるのは，実際の現象を表す**数理モデル**で置き換え，コンピュータを用いた**数値実験**を行う方法です．具体的には，電気系，機械系のシステム，原子スケールでの物理・化学現象，地球スケールや宇宙スケールでの自然現象，さらには社会現象に関して広く用いられています．

15.2 Simulink

　MATLABでは，シミュレーションツールとして，Simulinkが用意されています．Simulinkは，さまざまな系の数学モデル（微分方程式等）を配

置し観測するための，MATLAB の下で動く **GUI（Graphical User Interface）**です．したがって容易にモデルの系を設定することができます．

　Simulink では，**ブロック図ツール**とそれらのブロック図を種類ごとにまとめた**ブロックライブラリ**が入出力および機能要素として提供されています．

15.2.1 Simulink の使い方

　ここでは Simulink の立ち上げと簡単な使い方を紹介しましょう．

(a) 立ち上げ

　Simulink を立ち上げるには 2 つの方法があります．

方法 1．コマンドウィンドウに「simulink」と入力．

方法 2．ホームタブから

1. ホームタブの「Simulink」アイコンをクリック．
2. （あるいは）ホームタブの「新規作成」アイコンをクリックして現れるスクロールバーから「Simulink モデル」を選択．

　方法 1，方法 2 のいずれでも「Simulink スタートページ」が開きます．

(b) 「モデルブラウザー」の起動

　次に Simulink の操作を行う「モデルブラウザー」を起動します．

方法．「Simulink スタートページ」の「Simulink」から「空のモデル」を選択し，そこにある「モデルを作成」アイコンをクリックします．

　これで「モデルブラウザー」が新たに起動します．

(c) 「ライブラリブラウザー」の起動と利用

方法．「モデルブラウザー」の「シミュレーション タブ」にある「ライブラリブラウザー」アイコンをクリックします．

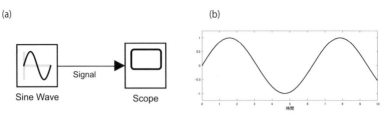

図 15.1　(a) モデルブラウザー上の，ブロックから構成されたモデル．(b) モニターに現れる信号．

以上で，「Simulink ライブラリブラウザー」が開きます．
この「ライブラリブラウザー」の中から，必要な部品を探します．ライブラリーは，機能ごとにグループ化され，「ブロック」ごとに置かれています．「ライブラリブラウザー」の検索の窓を使うと効率のよい選択が可能ですが，名前で検索しますので慣れるまで少し時間がかかるかもしれません．

15.2.2　Simulink によるシミュレーションの例

以上で準備が整いましたので，実際の Simulink 使用の手順に移りましょう．ここでは基本的な利用と RL 回路（または簡単な力学系）を例にとってみましょう．

(a)　波形のモニター

波形の発生とそのモニターの 2 つから成り立っています．

Step1．Sources から「Sine Wave」を選び，「モデルブラウザー」上にドロップする（波形の発生）．

Step2．Commonly Used Blocks から「Scope」を選び，「モデルブラウザー」上にドロップする（信号のモニター）．

Step3．「Sine Wave」と「Scope」を**結線**する．A から B へ結線したい場合は，[CTRL] キーを押しながら，マウスで A, B ブロックの順に左クリックする．結線上に名前を付けたいときには，描きたいところでダブルクリックして記入する．

Simulink のためのファイルを'SimFile' という名前で保存すると，`slx`という拡張子が付き，`SimFile.slx`という名前が付く.

Step4. モニター信号を見るために「Scope」ブロックをダブルクリックしてグラフをオープンする. その上で，シミュレーションタブ上の実行ボタンをクリックする.

Step5. 「Sine Wave」ブロックをダブルクリックすると，「ブロックパラメータ」ウィンドウが開く. ここで入力信号のパラメータを選択できる.

図 15.1 にこれらを示します.

(b) 2 階常微分方程式系

2 階常微分方程式で表されるシステムはたくさんあります. ここでは 1 質点振動系を考えます. 問題にする微分方程式は

$$m\frac{d^2x}{dt^2} + \gamma\frac{dx}{dt} + kx = f(t)$$

です. x は質点の時間 t に依存する変位, m は質点の質量, γ は（減衰）抵抗定数, k はばね定数, $f(t)$ は時間に依存する外力です.

上の式を

$$\frac{d^2x}{dt^2} = \frac{1}{m}\left[f(t) - \gamma\frac{dx}{dt} - kx\right]$$

と書き直しましょう. このようにすると，「外力，粘性抵抗，ばねによる力を足し合わせて $1/m$ 倍すれば，x の 2 階微分（加速度）となる」と読めます. そしてそのようなブロック線図を描けばよいということになります.

Step1. 「Sum」ブロックを探しモデルブラウザーにドロップ.

Step2. 「Sum」ブロックをダブルクリックし，ブロックパラメータウィンドウを開き，符号リストに「＋ － －」と入力する. これにより Sum block の入力の数と符号を指定. ＋ を $f(x)$ に，残りの 2 つを $-\gamma\frac{dx}{dt}$ と $-kx$ に割り当てることができる. またアイコン形状：四角形を選択.

Step3. 出力全体に $1/m$ をかけるために，「Gain」ブロックを探してモデ

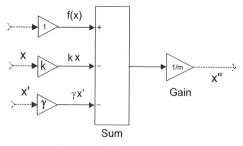

図 15.2　振動子系モデル 1.

ルブラウザーにドロップ．Sum ブロックから Gain ブロックに結線．

Step4.（Gain ブロックをダブルクリックし，パラメータウィンドウを開いて，）Gain ブロックの重みを $1/m$ に書き換える．m の大きさは後で指定．Gain ブロックの出力は x の 2 階微分であるので，x'' と書いておこう．

そのような様子は図 15.2 に示されています．次に，この力学系ダイアグラムを完成し，必要な量に対するモニターを置きます．

まず x' および x が必要です．そのために x'' を 1 回，さらにもう 1 回積分します．

Step5.　積分のための「Integrator」ブロックを探しモデルブラウザーにドロップ．

Step6.　必要なところを結線して全体の系を完成．

Step7.　外力として適当なものを選択．ここでは，ある時刻（0）にゼロから有限の値に立ち上がり，その後一定値を保つ「Step」を外力とする．観測の必要なところに「Scope」をつなぐ（図 15.3）．

ファイルに名前を付ける（たとえば oscillator.slx）．

これで準備が完全に終わったのではありません．振動子系の定数 m, k, γ の値を決めなくてはなりません．

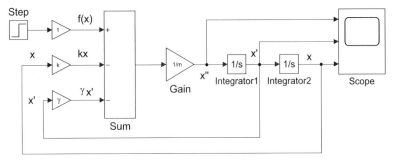

図 15.3 振動子系モデル 2.

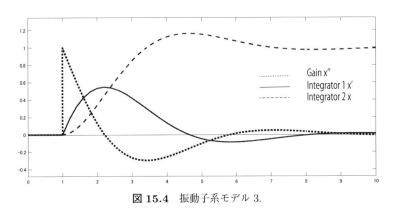

図 15.4 振動子系モデル 3.

Step8. 「Scope」をダブルクリック.

Step9. パラメータの値を設定するには 2 つの方法がある.

1. コマンドラインからの直接入力.

2. `SetParm.m`(任意名称)ファイルで,パラメータの値を設定. そのファイルを通常の方法で走らせる.

Step10. Simulink のファイル `oscillator.slx` を実行する. 結果は Scope に出る (図 15.4).

図 15.4 で,ステップ的な外力が与えられて加速度が 0 から有限の値に立ち上がり,それに伴って測度および変位が 0 から連続的に変化すること,

また粘性抵抗に従って振動が減衰する様子も観測されます．Scope において，3つの信号が1つの図にプロットされていますが，それぞれの単位は違います．Scope ブロックのパラメータを変えれば3つのそれぞれを，異なる図に描くこともできます．

第16章 | 深層学習, 機械学習

16.1 人工知能, 機械学習, 深層学習とは

人工知能 (AI=Artificial Intelligence), 機械学習 (Machine Learning), 深層学習 (Deep Learning) などの言葉が, 多く聞かれるようになりました. 具体的に何がどのように行われるのか判然としないまま, 呪文のように口にしているように思われる場面も多く見かけます.

はじめに人工知能, 機械学習, 深層学習というキーワードをきちんと区別しておきましょう. 全体の概念構成は

$$人工知能 \supset 機械学習 \supset 深層学習$$

となります.

- 人工知能 (AI) という概念は 1950 年代に形成されたもので, 「人間にしかできなかったような高度に知的な作業や判断をコンピュータを中心とする人工的なシステムにより行えるようにしたもの」を意味します (IT 用語辞典 e-words.jp). 具体的応用として, 画像認識システム, 音声認識システム, 自然言語処理システム, 自動翻訳システム, 自動運転システムなどが実現されています.

- 機械学習とは, 人工知能を実現するための手法の 1 つで, 人間の経験による学習と同様な学習機能をコンピュータに教えるアルゴリズムをいいます. 機械学習では, 機械 (コンピュータ) を用いて, データから情報を "学習" します. 学習するデータが増えるに従い, 一般に, 獲得する性能が向上します.

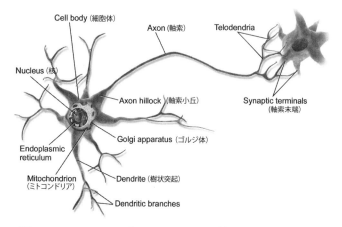

図 16.1 ニューロン．（Wikipedia https://en.wikipedia.org/wiki /Neuron より，C.C. BY 3.0）.

機械学習では分析のためのロジックをすべてプログラムするのではありません．コンピュータによる学習により，大量のデータから，その特徴をグループ分けします．そうして獲得したロジックによって，新たなデータに対して自律的に高度の予測を行う手法が構成されます．

学習の過程は「入力（データの前処理，適切な表現形式の選択）」「処理」「出力（予測）」から構成されます．処理の過程には**ニューラルネットワーク**（neural network）という人間の脳を構成するニューロン（neuron）のネットワーク形成を模したアルゴリズムが用いられます．

- 深層学習とは，機械学習を有効に行うための方法です．最初の処理の結果をさらに入力として処理するというように，処理の過程（ニューラルネットワークの構成）を多層的・多段的に行います．これにより有効な機械学習が実現されます．

以下でニューラルネットワーク，機械学習の例をいくつか紹介します．これらに関する参考書，解説書はたくさん出ていますが，実際に即して，計算を経験する方が，はるかにわかりやすいように思います．

16.2 深層学習

　機械学習といっても，このソフトウェアにデータを投げ込むと，知らない
ことも解決してくれる，というようなものはありません（多分⁉）．下記項
目はお互いにそれぞれがかかわりを持って機械学習を構成します．

16.2.1 ニューラルネットワーク

- ニューロン：動物の神経細胞は，細胞核のある細胞体，他の細胞からの
  入力を受ける樹状突起，他の細胞に出力する軸索から成り立ち，これ
  ら全体をニューロン（Neuron）という（図 16.1）．軸索の先端は他の
  神経細胞に接続してその間にシナプス（Synapse）を形成する．ニュー
  ロンは他のニューロンからの刺激（信号）を受け取り，シナプスでそれ
  を増減させ他のニューロンに伝達する．

- パーセプトロン：人工ニューロン．複数の入力に対して 0 か 1 の 1 つ
  の出力を与える回路あるいは関数（下式（単純パーセプトロン）および
  図 16.2 左）．各入力を $x_i(i = 1, 2, \cdots, n)$，出力を y と書くと

$$x = I_0 + w_1 x_1 + \cdots + w_n x_n$$
$$y = h(x)$$
$$h(x) = \begin{cases} 0 & (x \leq 0) \\ 1 & (x > 0) \end{cases}$$

  また I_0 をバイアスと，$h(x)$ を活性化関数という．活性化関数には，こ
  こで示した階段関数の他に，0 と 1 の間を滑らかにつなぐ種々の非線形
  関数が考えられている．

- ニューラルネットワーク：人工ニューロンから構成したネットワーク
  が，学習によってシナプスの結合強度を変化させ，問題解決能力を持つ
  ようにしたモデル（図 16.2 右）．

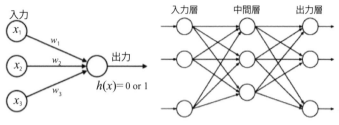

図 16.2　パーセプトロン（左）と階層型ニューラルネットワーク（右）.

- 深層学習：多層のニューラルネットワークによる機械学習.

16.2.2　機械学習

MATLAB では

Statistics and Machine Learning Toolbox

が用意されています．そこでは，統計および機械学習による解析とモデル化が基本となります．

(a)　機械学習のためのステップ

機械学習は以下のようなステップ（のすべて，または一部）から構成され，そこではさまざまな基本的数理手法が反復して使われます．

https://jp.mathworks.com/help/stats/machine-learning-in-matlab.html

上記サイトにある MATLAB「機械学習入門」に多くの解説・実例があります．

- 入力データ

  - データの表現：画像データ，信号データ，文章（自然言語）

- – モデル：[観測データ] ↔ [ラベル]

- 情報の抽出（データマイニング）

  - – 最適化
  - – 回帰分析
  - – EM アルゴリズム

- 回帰（regression）と分類（classification），クラスタリング（clustering）

  - – 統計手法（回帰分析）
  - – 「教師あり学習」と「教師なし学習」

- ニューラルネットワーク

  - – 最適化問題
  - – 「教師あり学習」と「教師なし学習」

- 評価，検定

  - – 訓練データと評価データ

(b) 入力データ

　入力データは，音声データ，画像データ，数値データ，文章などさまざまな形が考えられます．たとえば画像データの場合，画素単位の RGB 値や明るさ，あるいはその広がりなどが入力データとなります．文章の場合には，それらを単語に切り分けたものとそのつながりが入力データとなります．

(c) 「分類問題」における「教師あり学習」「教師なし学習」

　各データを表すサンプル点が特徴空間（画像なら RGB 値や明るさをそれぞれ要素とする多次元空間）に分布しているとき，このサンプル点を分類する方法は，大きく分けて 2 つあります．

- 「教師あり学習」の分類問題である **k 近傍法**（k-nearest neighbor algorithm, k-NN). 分類したいクラスタの特徴点からの空間内の距離によりサンプル点を分類していく.

- 「教師なし学習」の分類問題である **k 平均法** (k-means clustering). クラスタの数を決め, 最初にサンプル点に乱数によってクラスタを割り当てる. 各クラスタに属するサンプル点の重心を求めクラスタの中心とする. サンプル点を近いクラスタ中心に割り当て直す. これらの作業を何回か繰り返す.

(d) 強化学習 (**Reinforcement Learning**)

強化学習とは何かという問いに端的に答えているのが以下でしょう:

> 「強化学習とは, 試行錯誤を通じて環境に適応する学習制御の枠組である. 教師付き学習 (Supervised Learning) と異なり, 状態入力に対する正しい行動出力を明示する教師が存在しない. かわりに報酬というスカラーの情報を手がかりに学習するが, 報酬にはノイズや遅れがある. そのため, 行動を実行した直後の報酬をみるだけでは, 学習主体はその行動が正しかったかどうかを判断できないという困難を伴う.」
> (「強化学習システムの設計指針」木村元・宮崎和光・小林重信『計測と制御』Vol.38, No.10, pp.618-623, 1999)

強化学習の定義と問題点をまとめたわかりやすい説明です. 強化学習は, 「マルコフ決定過程」あるいは確率過程論に基礎を置き, 数学的にも明快です. もちろんそのまま用いられているのではなく, いろいろな拡張・一般化が進められています.

この方法が注目を集めたのは, 実際の環境が持つ不確実性への対応を, 試行錯誤的に行い自律的に目標に到達できるからです. そのため, 制御プログラミングの自動化・省力化等の面からさまざまな方面で実用化研究が進められました. **自動運転技術**や**高精度な工作機械**, **生産ラインの最適化**, そして**アルファ碁**の出現で一般にも大きな注目を集めました.

MATLAB では

Reinforcement Learning Toolbox

として提供されています.

(e) 最適化

既に説明した方法により最適解を求める過程. 統計処理における「推定」と「検定」, あるいは「線形計画法」と「非線形計画法」などの手法があります.

(f) 潜在変数の抽出——EM アルゴリズム

測定データから直接に知ることができない, 回帰分析などの結果得られる因子のことを, 潜在変数といいます. EM アルゴリズム=Expectation-Maximization Algorithm とはサンプル点の分布 $\{x_1, x_2, \cdots, x_N\}$ に潜在変数 z がある場合に, その潜在変数を最尤推定する手法の1つです.

手順を少し具体的に示すために, いくつかの定義式および関係式を提示します. 詳細は, たとえば次の書籍を参照してください.

『情報工学　機械学習』[東京大学工学教程] 中川裕志著（丸善出版, 2015)

$$\text{データの集合} : \mathcal{D} = \{x_1, x_2, \cdots, x_N\}$$

$$\text{サンプル点} x_n \text{に対する潜在変数の値} : z_n$$

$$\text{確率分布を決めるパラメータの集合} : \theta$$

$$\text{条件付確率} : p(x, z|\theta) = p(z|x, \theta)p(x|\theta)$$

$$\text{潜在変数} z \text{込みの対数尤度} : \log L(x, z|\theta) = \sum_{n=1}^{N} \log p(x_n, z_n|\theta)$$

θ を分布 $\mathcal{D}$ から推定する場合に, 対数尤度を最大にするように決めよう,

というのがここでの問題です.

　観測変数 $\boldsymbol{x}$ と潜在変数 $\boldsymbol{z}$ の同時分布 $p(\boldsymbol{x}, \boldsymbol{z}|\boldsymbol{\theta})$ が与えられています. このときの EM アルゴリズム（対数尤度関数 $\ln p(\boldsymbol{x}|\boldsymbol{\theta})$ の $\boldsymbol{\theta}$ についての最大化）は以下のように行われます.

Step1. 初期化. 初期値 $\boldsymbol{\theta}^{(n=1)}$ を適当に決める.

Step2. （E ステップ）　$\boldsymbol{z}$ の事後分布 $p(\boldsymbol{z}|\boldsymbol{x}, \boldsymbol{\theta})$ を計算する.

Step3. （M ステップ）　事後分布 $p(\boldsymbol{z}|\boldsymbol{x}, \boldsymbol{\theta})$ による対数尤度の期待値

$$Q(\boldsymbol{\theta}|\boldsymbol{\theta}^{(n)}) = \sum_{\boldsymbol{z}} q(\boldsymbol{z}) \ln p(\boldsymbol{x}, \boldsymbol{z}|\boldsymbol{\theta})$$

を計算する. ただし $\boldsymbol{z}$ の確率密度関数 $q(\boldsymbol{z})$ を $q(\boldsymbol{z}) = p(\boldsymbol{z}|\boldsymbol{x}, \boldsymbol{\theta}^{(n)})$ と選ぶ. ここは既知の情報から決まる $\boldsymbol{z}$ の関数なら何でもよいのだが, 一般にこのように選ばれる.

$\boldsymbol{\theta}$ は $Q(\boldsymbol{\theta}|\boldsymbol{\theta}^{(n)})$ を最大化するように決める:

$$\boldsymbol{\theta}^{(n+1)} = \arg\max_{\boldsymbol{\theta}} Q(\boldsymbol{\theta}|\boldsymbol{\theta}^{(n)}) .$$

Step4. $\boldsymbol{\theta}^{(n+1)}$ に対応する対数尤度関数 $\ln p(\boldsymbol{x}, \boldsymbol{z}|\boldsymbol{\theta}^{(n+1)})$ を計算し, これが収束条件を満たしていない場合には Step2 に戻る.

以上が, 一般に EM アルゴリズムがどういったことをしているのかという流れです.

(g)　学習による結合の強化と過学習, 過適合

　学習によりパーセプトロンの重み付け w_i を変化させます. 一般に与えられたデータにモデルを適合させることは可能です. 一方で, 与えられたデータ（訓練データ）に適合させすぎると, モデルの予測能力が落ちることは

しばしば経験することです[1]．このような状況を「過学習」あるいは「過適合」（Overfitting）といいます．これをいかに避けるかは機械学習，深層学習では重要な課題です．1つの対応策は，モデルにある程度の柔軟性を持たせることです．そのような方法を「正則化」といいます．

(h)　クラス分類，多クラス分類（ロジスティック回帰）

　パーセプトロンで活性化関数 $h(x)$ により2クラスに分類する．3つ以上のクラスに分類されることもあります．

16.3　MATLAB に用意されている深層学習

　かなりのことは Deep Learning Toolbox を用いて実行できます．
1. MATLAB は，種々の入力に対する機械学習，深層学習の多くのプログラムを提供しています．それらを動かし，また入力データを自前のものに取り換え，あるいはプログラム全体を書き換えるなどしながら具体的に学ぶことが可能です．
2. Deep Learning Toolbox では，アプリを用いてニューラルネットワークを作ることができるようですので，便利だと思います．

　MATLAB が提供する具体的な例を見ることにしましょう．既に用意され調整されているパッケージや関数を用いますが，それらに慣れた上で自分で少しずつ変更を加えたり，新たに書き加えたりするのがよいでしょう．その場合に，関数のコードがどのように書かれているかを見るのには，`type` コマンドを使うのが便利です．

```
type file_name
```

16.3.1　例：機械学習による5種類の「木の実」の識別・分類

　MathWorks 社提供による NutMeasurement.mlx の解説を与えることに

---

1)よすぎる内挿式は，外挿の目的には役に立たないということをしばしば経験します．

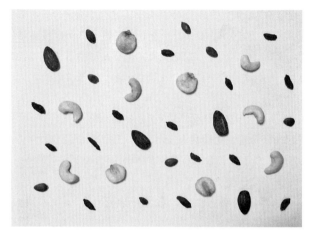

図 16.3　入力画像　（DSC_1895cr.png）.

しましょう．このファイルは以下にあります．

https://github.com/mathworks/MATLAB-IPCV-Eval-Kit-JP/blob/master/demo_file/I2_08_1_nuts.m
https://github.com/mathworks/MATLAB-IPCV-Eval-Kit-JP/blob/master/demo_file/I2_08_1_1895cr.jpg

実際にここで用いるのは jpg ファイルです．
　画像に写っているものを識別・分類する機械学習のプロセスとして，大変具体的かつ詳細に実行していますので，よい教材といえるでしょう．
　以下の例は MathWorks 社から提供された機械学習プログラムを用いて画像の中の木の実を分類するものです．入力データは画像（DSC_1895cr.png）として与えられています．すべてのコマンドは MATLAB で与えられていますので，マニュアルで確認してください．またプログラム中の図などの出力は，一部のみここに示してあります．実際に自分で動かしてみてどのような出力が得られるのか確かめてください．以下で示したとおり入力すれば，

結果が得られます.

　図 16.3 には白黒画像を示しましたが，実際にはカラー画像です．画像の色分布は学習のための重要な情報です.

- 画像データの読込み

```
                                                    ── MATLAB 入力 ─
    I = imread('DSC_1895cr.png');

    figure; imshow(I);
```

- データの準備（情報の抽出＝ナッツ領域の切り出し）

  - 輝度変換（RGB 値を人の色空間を近似する CIE1976 L*a*b*色空間 (CIELAB)）に変換.

```
                                          ── MATLAB 入力 （つづき）─
    Ilab = rgb2lab(I);

    [L, a, b] = imsplit(Ilab);
```

  - エッジ検出（強度の微分強度が大きなところを検出）.

```
                                          ── MATLAB 入力 （つづき）─
    [Iedge, th] = edge(L, 'canny', 0.06);

    imshowpair(L,Iedge, 'montage');% 2 つの像を並べて比較.
```

  - Morphological Closing という手法を用いて作った閉じた図形（穴埋めされた図形）の像を返す.

```
                                          ── MATLAB 入力 （つづき）─
    bw = imclose(Iedge, strel('disk', 3));

    bwNuts = imfill(bw, 'holes');

    imshow(bwNuts)
```

以上でナッツ領域の切り出しが完了（それを確認のため imshow）.

─────────── MATLAB 入力 （つづき）

```
figure, imshow(I.* repmat(uint8(bwNuts), [1,1,3]));
```

● 分類

- 形状で分類：Area（面積）と Eccentricity（楕円度）で「ジャイ
アントコーン」と小さいグループ，大きいグループに分類する．次の
コマンドでイメージの領域解析アプリを開く．

─────────── MATLAB 入力 （つづき）

```
imageRegionAnalyzer(bwNuts);
```

「stats = regionprops(BW,properties)」はバイナリイメージ
ファイル BW 内の各 8 連結要素（オブジェクト）について
properties で指定されるプロパティの測定値を返す．properties
は多種類が用意されているので，マニュアルを参照．
Area と Eccentricity でジャイアントコーンを小さいグループ，
大きいグループに分類可能．

─────────── MATLAB 入力 （つづき）

```
stats = regionprops(bwNuts, 'Area', 'Eccentricity', …
  'Circularity', 'MaxFeretProperties', 'BoundingBox');
areas = [stats.Area] ;
eccentricity = [stats.Eccentricity] ;
```

ヒストグラムで確認（面積および楕円度のヒストグラムが出力）．

─────────── MATLAB 入力 （つづき）

```
figure, h=histogram(areas, 10); title(' 面積');
figure, h=histogram(eccentricity, 10); title(' 楕円度');
```

楕円度で「ジャイアントコーン」を分類，インデックスを付与．

```
                                    ─ MATLAB 入力 （つづき） ─

    idx_GiantCorn = [stats.Eccentricity] < 0.5;

    Idetect = insertObjectAnnotation(I, 'rectangle',…

      [cat(1,stats(idx_GiantCorn).BoundingBox)], 'CORN',…

     'Color', 'blue', 'TextBoxOpacity', 1, 'TextColor', 'white');

    figure, imshow(Idetect);
```

面積で 2 グループに分け（~ は論理否定の記号），インデックスを
付与.

```
                                    ─ MATLAB 入力 （つづき） ─

    idx_Large = [stats.Area] > 1500;

    idx_Small = ~ idx_Large;
```

－ 色による分類：小さな面積のグループに対して，色による分類.
　各領域の色 (a の値) の平均値を計算，ヒストグラムで確認.

```
                                    ─ MATLAB 入力 （つづき） ─

    stats_a = regionprops(bwNuts, a, 'MeanIntensity');

    h = histogram([stats_a(idx_Small).MeanIntensity], 10); …

      title('a の値')
```

赤と緑で分類し，インデックスを付与.

```
─────────────────────── MATLAB 入力 （つづき）─
    idx_Red= [stats_a.MeanIntensity] > 15 & idx_Small;

    idx_Green= [stats_a.MeanIntensity] < 15 & idx_Small;

    Idetect = insertObjectAnnotation(Idetect, 'rectangle',···

    [cat(1,stats(idx_Red).BoundingBox)] , 'RED', ···

     'Color', 'red', 'TextBoxOpacity', 1);

    Idetect = insertObjectAnnotation(Idetect, ···

     'rectangle', [cat(1,stats(idx_Green).BoundingBox)] ,···

     'GREEN', 'Color', 'green', 'TextBoxOpacity', 1);

    figure, imshow(Idetect)；確認のため描図.
```

ここまでで 3/5 種類の分類ができた.

- 円形度（Circularity）による分類：大きなグループに対して，円形度での分類を行う.

```
─────────────────────── MATLAB 入力 （つづき）─
    h = histogram([stats(idx_Large & ···

      ~ idx_GiantCorn).Circularity], 9); title('円形度');
```

きれいに分かれていることが確認できるので円形度で分類，インデックスを付与.

─────── MATLAB 入力 （つづき） ───────

```
idx_Almond = [stats.Circularity] > 0.8 & ···
  ~ idx_GiantCorn & idx_Large;
idx_Cashew = [stats.Circularity] < 0.8 & ···
  ~ idx_GiantCorn & idx_Large;
Idetect = insertObjectAnnotation(Idetect,···
  'rectangle',[cat(1,stats(idx_Almond).BoundingBox)],···
  'ALMOND', 'Color', 'magenta', 'TextBoxOpacity', 1);
Idetect = insertObjectAnnotation(Idetect, ···
  'rectangle',[cat(1,stats(idx_Cashew).BoundingBox)], ···
  'CASHEW', 'Color', 'yellow', 'TextBoxOpacity',1);
figure, imshow(Idetect)
```

以上で，形，大きさ，色，円形度，などの5種類を分類した（図
16.4（上））.

● 解析

抽出した情報をグループごとに可視化．ラベル行列の作成．%以降は書
式指定.

─────── MATLAB 入力 （つづき） ───────

```
labels = cell(length(stats), 1);
labels(idx_GiantCorn,1) = {sprintf('%-6s','Corn')};
labels(idx_Red,1) = {sprintf('%-6s','Red')};
labels(idx_Green,1) = {sprintf('%-6s','Green')};
labels(idx_Almond,1) = {sprintf('%-6s','Almond')};
labels(idx_Cashew,1) = {sprintf('%-6s','Cashew')};
labels = cell2mat(labels);
```

データをテーブル型に

表 16.1 データ平均値.

	labels	Group_Count	mean_Area	mean_Eccentricity	mean_Circularity	mean_Max FereDiam	mean_Min FereDiam
1 Red	Red	15	656.4000	0.8825	0.8242	44.5620	-124.3938
2 Green	Green	8	693.8750	0.8072	0.8393	42.3641	11.5974
3 Almond	Almond	4	2.3623e+03	0.8397	0.8904	75.3938	-67.5016
4 Cashew	Cashew	6	2.4475e+03	0.8093	0.7349	74.0489	-56.9131
5 Corn	Corn	4	3.0768e+03	0.4111	0.9981	67.9186	-92.5418

———— MATLAB 入力 （つづき）

```
data_table = struct2table(stats);

label_table = table(labels);

table_all = [data_table, label_table] ;
```

平均値を表として出力（表 16.1）.

———— MATLAB 入力 （つづき）

```
statarray = grpstats(table_all(:, [1 3:6 end] ), 'labels')
```

グループごとの散布図（図 16.4（下））

———— MATLAB 入力 （つづき）

```
figure, gscatter([stats.MaxFeretDiameter], ···

  [stats.Circularity], labels);

xlabel(' 最大フェレ径'); ylabel(' 円形度') ;

grid on;
```

パラメータごとの相関

———— MATLAB 入力 （つづき）

```
plotmatrix(table2array(table_all(:, [1 3:6] )))
```

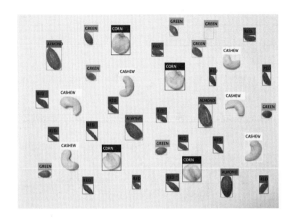

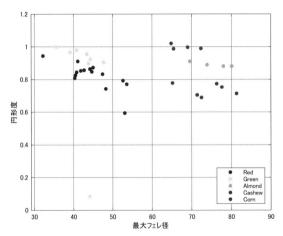

図 16.4 出力：分類結果．上の図中のラベルの色と下の図のデータ点の色は対応していないことに注意．

16.3.2 例：ニューラルネットワークによる分類の深層学習 (TrainNetwork)

16.3.1 項の例では，画像中のナッツを機械学習で分類しましたが，分類の過程はユーザーがステップごとに指示をしました．次は，手書き数字の認識・分類を（「畳み込みニューラルネットワーク」を用いて）深層学習で行うための，MATLAB が提供するプログラムです．以下がその URL です．

https://jp.mathworks.com/help/deeplearning/ref/trainnetwork.
html

なお，深層学習についてとりあえず概要を学びたいという人には，

『ゼロから作る Deep Learning』斎藤康毅（オライリー・ジャパン，
2016）

がお勧めです．これは Python を前提に書かれていますが，Python を知ら
なくても，まったく障害なしに理解することができます．文法やコマンドも
同じものが多いので，MATLAB ユーザーには理解が容易です．書かれてい
る内容も，特に難しいということはありません．

　ここでの深層学習のプロセスは次のような順序で行われます．
1. 入力用画像データの読み込みと確認．
2. ネットワークアーキテクチャの定義．
3. 学習オプションの指定．
4. ネットワークの学習．
5. 新しいデータのラベルの予測と分類精度の計算．

● **画像データの読み込みと確認**
　imageDatastore（イメージデータストア）は，数字の標本データをフ
ォルダー名に基づいて，自動的にラベルを付け，ImageDatastore オブ
ジェクトとして読み込む．こうすることでデータをバッチ（束）単位で
処理できる．

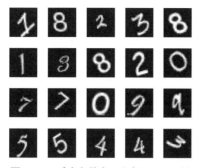

図 16.5 手書き数字の入力データの例

```
                                        ── MATLAB 入力 （つづき）─
  digitDatasetPath = fullfile(matlabroot,'toolbox','nnet',...
   'nndemos', 'nndatasets','DigitDataset');
  imds = imageDatastore(digitDatasetPath, ...
   'IncludeSubfolders',true,'LabelSource','foldernames');
```

データストアにある 0〜9 の数字 10000 個のうち 20 個のイメージ imds を（4 × 5 の形で）表示（図 16.5）.

```
                                        ── MATLAB 入力 （つづき）─
  figure;
  perm = randperm(10000,20);
  for i = 1:20
    subplot(4,5,i);
    imshow(imds.Files{perm(i)});
  end
```

labelCount は，ラベル，およびそれぞれのラベルが付いているイメージの数を格納する table. データストアには 0〜9 の数字それぞれにつ

いて 1000 個のイメージ，合計で 10000 個のイメージが含まれている.

```
                                            ─ MATLAB 入力 （つづき）
    labelCount = countEachLabel(imds)
```

	Label	Count
1	0	1000
2	1	1000
3	2	1000
4	3	1000
5	4	1000
6	5	1000
7	6	1000
8	7	1000
9	8	1000
10	9	1000

ネットワークの入力層にイメージのサイズを指定する必要がある.
digitData の最初のイメージのサイズを確認（イメージはグレースケールなので各 $28 \times 28 \times 1$ ピクセル）.

```
                                            ─ MATLAB 入力 （つづき）
    img = readimage(imds,1);

    size(img)
```

ans $= 1 \times 2$

    28   28

- **imds を学習セットと検証セットに分割する指定**

    splitEachLabel は，データストアにある imds を，750 の学習データセット imdsTrain と残り 250 個の検証データセット imdsValidation に分割する.

━━━━━━━━ MATLAB 入力 (つづき) ━━━

```
numTrainFiles = 750;

[imdsTrain, imdsValidation]=splitEachLabel(imds, …

  numTrainFiles, 'randomize');
```

● **ネットワークアーキテクチャの定義**

畳み込みニューラルネットワークの層の指定をする核心部.

━━━━━━━━ MATLAB 入力 (つづき) ━━━

```
layers = [
  imageInputLayer([28 28 1])

  convolution2dLayer(3,8,'Padding','same')
  batchNormalizationLayer
  reluLayer

  maxPooling2dLayer(2,'Stride',2)

  convolution2dLayer(3,16,'Padding','same')
  batchNormalizationLayer
  reluLayer

  maxPooling2dLayer(2,'Stride',2)

  convolution2dLayer(3,32,'Padding','same')
  batchNormalizationLayer
  reluLayer

  fullyConnectedLayer(10)

  softmaxLayer

  classificationLayer ];
```

Image Input Layer (**イメージ入力層**):イメージサイズ ($28 \times 28 \times 1$)
を指定.1はチャネルサイズ (グレースケールのため 1).

Convolution Layer (**畳み込み層**):深層学習の多くの手法が畳み込み
ニューラルネットワーク (CNN) を基礎に置いている.ここで「**畳み込
み演算**」(「**積和演算**」ともいう.積和演算は,画像の平滑化などにも

用いる）を行う．これは元の関数（行列）と畳み込み関数（行列）（フィルター）との積和をとるもので，最初の引数は `filterSize` といい，その値3は畳み込み行列のサイズが 3×3 であることを示す．フィルターを縦横にずらしながら走査するステップサイズ（Stride）のデフォルト値は[1 1]となる．'Padding' とすると行列の端に0要素の行および列を加えて畳み込み演算が行われる．

1ステップごとのスライドで以下の畳み込み演算を行うと次のようになる．

0	**1**	2	3
3	**0**	1	2
2	3	0	1
1	2	3	0

$*$

0	**1**
2	**0**

$\Rightarrow$

7	2	5
4	7	2
5	4	7

左辺の太字部分の 2×2 行列*2×2 行列の積和計算が矢印右辺の7を与える．2つ目の引数 `numFilters` はフィルターの数（入力の同じ領域に結合するニューロンの数）を示す．

`batchNormalizationLayer`（**バッチ正規化層**）：大量のデータ（具体的には配列データ）の**束（バッチ batch）**をまとめて処理をする．「**正規化（normalize）**」とは変数を標準化すること，たとえば平均値0,偏差1にそろえることをいう．ニューラルネットワークを通じて伝播される活性化と勾配を正規化することにより，ネットワークの学習は簡単な最適化問題になり，学習速度を上げる等の効果がある．

`reluLayer`（**ReLU層**）：ReLU (Rectified Linear Unit) は現在広く用いられている非線形活性化関数．

$$h(x) = \begin{cases} 0 & (x \le 0) \\ x & (x > 0) \end{cases}$$

`maxPooling2dLayer`（**最大プーリング層**）：畳み込み層（と活性化関数）の後で，データの縮小処理を行うことがある（Pooling とは，プログラムのパフォーマンスを向上させるために，オブジェクトを pool に

蓄積しておき必要なときに取り出して利用するという技術). これにより特徴マップの空間サイズが縮小され, 冗長な情報が削除される. データ縮小法の 1 つの方法が最大プーリング. 最大プーリング層では, 最初の引数 poolSize によって指定された矩形領域サイズの最大値を返す. たとえばこれが [2,2] ならば, 高さ 2, 幅 2 の領域内の最大値を返す.

0	**1**	2	3
3	**0**	1	2
2	3	0	1
1	2	3	0

$\Rightarrow$

3	2	3
3	3	2
3	3	3

dropoutLayer（**ドロップアウト層**）：例にはないが, layers={　}の中の適当な場所に dropoutLayer(＿＿,'Name',Name) を挟むことがしばしば行われる. ドロップアウト層は, 与えられた確率でランダムに入力要素をゼロに設定する. これにより「過学習」を抑制することができる.

fullyConnectedLayer（**全結合層**）：畳み込み層とダウンサンプリング層の後には, 1 つ以上の全結合層を配置する. 全結合層はニューロンが前の層のすべてのニューロンに結合している層. この層は, 前の層によってイメージ全体で学習されたすべての特徴を組み合わせて, より大きなパターンを特定する. 最後の全結合層は, これらの特徴を組み合わせてイメージを分類する（最後の全結合層の OutputSize パラメータは, ターゲットデータのクラスの数と等しくなる）.

softmaxLayer（**ソフトマックス層**）：最後の全結合層の後にソフトマックス層を作成する. これは各結合層の出力 y_i を, 全結合層に関して正規化するもので, 使用されるのはソフトマックス活性化関数

$$S(y_i) = \frac{\exp(y_i)}{\sum_j \exp(y_j)}$$

である.

classificationLayer（**分類層**）：最後に分類層を置く. これはソフト

マックス活性化関数によって各入力について返された確率を使用して，
（交差エントロピー）誤差を計算し，また出力結果からクラスの数を推
測する．ここでいう誤差とは「出力が期待する出力とどれだけ乖離して
いるか」の目安で，重みやバイアスなどのパラメータを調整する．

● **学習オプションの指定**

ネットワーク構造の定義後，学習オプションを指定する．深層学習のネ
ットワークに学習させる場合，学習の進行状況を監視するためのオプシ
ョンを指定する．

ここでは，初期学習率 0.01 を指定し，モーメンタム項（過学習を抑制
するために入れる項）付き確率的勾配降下法 (SGDM) を用いて，ネッ
トワークに学習させる．学習率とは，勾配降下法においてどのくらい勾
配方向に比例した成分を混ぜるかという，ミキシングの割合．最初は小
さく混ぜ，全体の変化に応じて割合を調整する．

学習データセット全体の学習サイクル（エポック）の最大回数を 4 に
設定．検証データと検証頻度を指定して，学習中にネットワークの精度
を監視する．学習データでネットワークに学習させ，学習中に一定間隔
で検証データの精度を計算する指定．

```
                                    ── MATLAB 入力 （つづき）
options = trainingOptions('sgdm','InitialLearnRate',0.01, ...
 'MaxEpochs',4,'Shuffle','every-epoch', ...
 'ValidationData',imdsValidation, ...
 'ValidationFrequency',30, 'Verbose',false,'Plots',...
 'training-progress');
```

● **学習データを使用したネットワークの学習**

layers，学習データおよび学習オプションによって定義されたアーキ
テクチャを使用して，ネットワークに学習させる．

学習の進行状況プロットには，ミニバッチの損失と精度および検証の損失と精度が表示される．「深層学習における学習の進行状況の監視結果」を参照（図 16.6）．

―――――――――――――― MATLAB 入力 （つづき）――

```
net = trainNetwork(imdsTrain,layers,options);
```

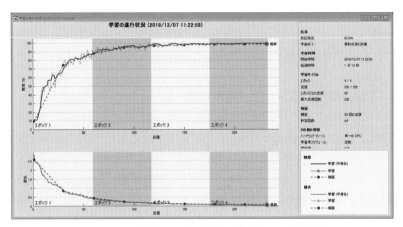

図 16.6 深層学習における学習の進行状況の監視結果

● **検証イメージの分類と精度の計算**

学習済みネットワークを使用して検証データのラベルを予測し，最終検証精度（ネットワークによって予測が正しく行われるラベルの割合）を計算する（結果は accuracy として出力）．

―――――――――――――― MATLAB 入力 （つづき）――

```
YPred = classify(net,imdsValidation);

YValidation=imdsValidation.Labels;

accuracy=sum(YPred == YValidation)/numel(YValidation)
```

accuracy ＝ 0.9888

16.3.3　深層学習ネットワークアーキテクチャの解析（analyzeNetwork）

ここまでで，深層学習の実際例を見てきました．

analyzeNetwork（layers）は，layers によって指定された深層学習ネットワークアーキテクチャを解析します．

```
──────────────── MATLAB 入力　（つづき）──
analyzeNetwork(layers)
```

関数 analyzeNetwork は，ネットワークアーキテクチャを対話的に可視化し，各層の詳細情報を提供します．

16.4　深層学習の広がり──転移学習ほか

深層学習は新しい潮流を形成しているように見えます．MATLAB ではたくさんのパッケージを提供していますが，問題ごとに新しいプログラムを作らなくてはいけないものではありません．**転移学習**（Transfer Learning）もその方法の１つです．

MATLAB では

https://jp.mathworks.com/help/deeplearning/ug/deep-
learning-tips-and-tricks.html

というページにより，**深層学習のヒントとコツ（Deep Learning Tips and Tricks）**についてのさまざまな情報（学習オプションや手法）を提供しています．

第17章 高速化手法

17.1 マルチスレッド

17.1.1 変数の値についての2種類の定義

「変数 x を $[0,1]$ の範囲で 0.1 刻みで変化させて関数の値の変化を見る」方法には2つ考えられます。1つは x を 0 から 0.1 ずつ変化させ，その都度関数の値を計算する方法，もう1つはまずベクトルとして $x = 0, 0.1, 0.2, \cdots,$ 0.9, 1 と定義し，その x の集合に対して関数値の集合を計算する方法です。変数 x の1つの値とその他の x の値がまったく独立であるなら，後者の方が有効です。

- x を 0 から 0.1 ずつ変化させ，逐次的に関数の値を計算する方法

MATLAB プログラム

```
for k=1,11
  x=0.1*(k-1)
  y=sin(x)
end
```

- $x = 0, 0.1, 0.2, \cdots, 0.9, 1$ と定義し，その x の集合に対して一括して関数値の集合を計算する方法

MATLAB プログラム

```
x=[0:0.1:1]
y=sin(x)
```

この例のような「簡単な問題」では，計算にかかる時間を計測してもあまり意味のある結果は得られません．時間の計測については [for 文] の 2.5.5 項でやってみました．一般には上の 2 つの例のうち，後者の方が効率よく計算ができます．MATLAB は特にこの特徴を活かしているため，ベクトルや行列のサイズが大きくなればなるほど，計算時間の差が顕著になります．さらに，後者の方がプログラミングをするという立場から見ても簡便です．後者は，$1 \times n$ 行列 x の長さ n 組の計算が独立なので，「並列計算」「マルチスレッド」向きの方法です．

このように考えてくると，MATLAB で計算処理を速くするポイントは

- for 文による計算を，行列計算に変更する．

- for 文ループによる関数の呼び出しを，行列を用いた入出力に変更する．

といえます．

17.1.2 マルチスレッド

コンピュータによるそれぞれの処理（の単位）を「スレッド（thread, thread of execution）」といいます．コンピュータの処理を，**一筋の流れ**で処理をするのが「シングルスレッド」，途中で**複数の処理の流れに分割**して，（同時並行に）処理をすることを「マルチスレッド」といいます．

スレッドを使えば，1 つの処理内の複数スレッドを同じメモリで実行できますから，**メモリ消費量が軽減**できます．現在の PC はマルチコア（multi-core）になっているものが多く，処理の流れを複数に分けて並行処理ができます．その分で**処理時間の節減**が図れます．さらには単一のプロセッサでも CPU の利用時間を細かく分割して順番に割り当てることでマルチスレッド処理を実現することができます．

多くの言語では，マルチスレッドにするためには，そのためのコマンドが必要です．**MATLAB ではデフォルトでマルチスレッドによる計算が選択**

されます．そのため，上で述べたように，たとえば「無用な for 文を避ける」「行列計算を積極的に用いる」等をすれば，充分に効率的な処理を行うことが可能です．

スレッド数を知る，または制限するためには以下のコマンドを使います．

- `N = maxNumCompThreads` は現在の計算スレッドの最大数 N を返す．

- `maxNumCompThreads(N)` は計算スレッドの最大数を N に設定する．

17.2 並列計算

現在の PC では，マルチコアコンピュータは一般的です．またより高度な利用ではコンピュータクラスタで並列計算を実行することも珍しくありません．

Parallel Computing Toolbox
を利用すれば，使用コア数，分配方法等をある程度までカスタマイズして，高速計算を行うことができます．これも

- 計算プロセスを分散して同時実行し，時間を節約．

- プロセスやデータを分散して，PC への負荷を軽減し効率向上を図る．

等により大量データの資源問題を解決します．

for ループに対しては，コマンド `parfor` が新たに設けられています．

17.3 GPU

GPU（Graphics Processing Unit，画像処理装置）という言葉を最近では耳にする機会が増えています．3D グラフィックを美しく，また軽快に作動するようにするもので，高性能なゲームや，迅速な画像処理（3 次元グラフィックの手元での回転，拡大縮小の操作）に使用します．現在では多くの CPU に GPU が内蔵されるようになりました．GPU では 1 つのプロセッサに数千個のコアを搭載しています．

GPU 製造メーカーとしては，NVIDIA（NVIDIA Corporation），インテル（Intel Corporation），アドバンスト・マイクロ・デバイセズ (AMD, Advanced Micro Devices, Inc.) があります．

GPU はリアルタイム画像処理に特化しています[1]．GPU サーバーは，機械学習，深層学習に適していると考えられます．深層学習では大量のデータで反復的に膨大な量の計算が必要です．ですから CPU よりはるかに高い演算能力がある GPU サーバーであれば，そのような計算が可能であるためです．

MATLAB では，`G=gpuArray(A)` として引数を渡すことで自動的に GPU で演算が行われます．深層学習向けには MATLABR は複数の GPU の自動並列処理をサポートしています．たとえば以下のようにします：

──────── MATLAB における GPU の利用

```
A = gpuArray([1 0 1; -1 -2 0; 0 1 -1]);
e = eig(A);
```

詳しくは

「MATLAB による複数の GPU での深層学習」(Deep Learning Toolbox)

https://jp.mathworks.com/help/deeplearning/ug/deep-learning-with-matlab-on-multiple-gpus.html

を参照してください．

---

[1]最近では，GPU の高い演算性能を活用して，3D グラフィックス以外の計算処理も行わせる演算装置である **GPGPU** （General-purpose computing on graphics processing units) も現れてきました．GPGPU を利用することにより密行列の計算において素晴らしい性能を出すことが示されていますが，安定な汎用性能を出すには，まだ課題も多そうです．

付録

付録1： 教育用ツール ——MATLAB Drive と Live Scripts

　私たちは，MATLAB を用いて，文科系の学生に対する数学基礎の講義を試みています．工学部や理学部の学生に対しては，数学の講義にはおおむね同程度の長さの演習の時間が付いています．一方，文科系の学部では，そこまでする時間的余裕がありません．

　しかし，数学などの科目は，講義を聞いて後は自分で勉強しろというのは，理系の学生にとってさえ難しいことです．そのような事情ですから，学生が講義を聞いて実際に「使う」ためには，教師が講義の中で使う計算プログラムを学生と共有して，学生が“追体験”してみる必要があります．そのための MATLAB の機能 MATLAB Drive を紹介します．MATLAB Drive を利用して，プログラムコードの共有，教材の教室内での共有などができます．

A1.1　MATLAB Drive の利用

　プログラムコードの共有，教材の教室内での共有などを目的として，ファイルやドキュメントを共有するためには MATLAB Drive 上のクラウドサービスを利用するのがよいでしょう．

- **MATLAB Drive** を利用するためには，MATLAB Drive Connector をインストールします．あらかじめしておく準備はこれだけです．

- 接続には **MATLAB Drive Online** を利用します．サイト

https://jp.mathworks.com/products/matlab-
drive.html#explore-matlab-drive

から，「MATLAB Drive オンライン」のボタンをクリックすると，
MATLAB Drive にログインできます．

- 共有フォルダーの所有者（作成者）は共有を許した相手の権限について，書き換え権限（'Can Edit'）または閲覧権限（'Can View'）を指定できます．Invitation はフォルダー内からのみ，フォルダーごとに行います．

- 以上で，PC からクラウド（MATLAB Drive）にファイルをアップロードし，あるいは貴方を招待したユーザーのファイルを共有することができます．

A1.2 MATLAB Live Editor の利用

ライブスクリプト（**Live Scripts**）とは，プログラムコード，出力およびテキストを一体化した環境を作り出すプログラムファイルです．これにより，教室その他で，プログラムを共有しながら他のユーザー（共同開発者や学生）と対話を行いつつ作業を進めることができます．

ライブスクリプトを作成するために，**ライブエディター（Live Editor）**モードを使います．

- 最初に [ホーム] タブにある [**新規ライブ スクリプト**] をクリックして起動します．

- 次にコマンドウィンドウに NewFile.mlx と入力すると，MATLAB Drive の中に NewFile.mlx というファイルが作成され，同時に**ライブ**

エディターが NewFile.mlx につながります.

- グレーな領域に式や計算手順を書いていけば,そのままスクリプトとなります.

- テキストなどを書いてプログラムの説明やその他の記述をしたいときには,その場所にカーソルを置いて,ライブエディター内の［**テキスト**］をクリックすれば,テキストを記入する領域が開きます.先頭にテキストを書きたいときにはグレー領域の先頭にカーソルを置いて,以上の操作を行います.

  ［**Aa**］ボタンにより,平文かあるいはタイトルかその他かを選択できます.

- テキストを書いた後,［**コード**］をクリックすると再びスクリプトを書くためのグレー領域が開かれます.

- テキスト中には式も挿入することができます.式を書き入れるためには［**挿入**］ボタンをクリックし,［Σ 式］から式を対話的に挿入するか,Latex 形式で挿入するかを選択します.

- 1つの*.mlx ファイルをセクションに区切ることができます.区切りたいところの先頭にカーソルを置いて,「ライブエディター」タブにある「セクション区切り」をクリックすれば,区切りの線が入ります.

- プログラムの実行は,セクション単位でも行うことができるので,講義等で使うのには便利です.カーソルをそのセクションの中の任意の場所に置いて,「セクションの実行」をクリックします.

  またライブエディター内の［**実行**］をクリックすれば,全体の計算が実行されます.

  実行結果はプログラムコードの右側または後に出すことができます.

- *.mlx　ファイルはそのままの形の保存の他,pdf,html,latex などいろいろの形で保存できます.学生にファイルを配布するときや,資

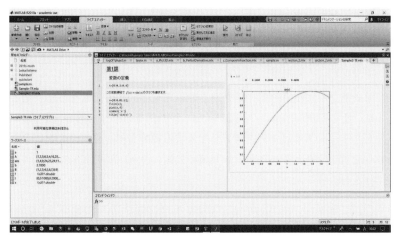

図 A1.1 Live Script の利用.

料の中に添付するときなどに便利です.

付録2： 自動採点システム ——MATLAB Grader

A2.1　MATLAB Grader の概略

　MATLAB Grader を用いて，各教員が講義に対応して Course を設定します．Course に以下の構造を持たせることができます．学生には MATLAB のライセンスは不要です．

- **Course**： 各講義に対応して教師が設定します．

  - **Course Description**： 各講義の概要，内容等を記述します．
  - **Assignment**： 各コース内で設定されるいくつか（複数可能）の課題を設定します．
  - **Problems**： 各課題の中で与えられる問題を設定します．
    ここで教師は模範解答 (Reference Solution) を与えます．準備ができたら，学生に e-mail によりその旨の通知を出すことができます．学生が解答をしたら，**システムはそれを模範解答と比較**し，**自動評価** (Assessment) します．システムは学生の解答を一元管理し，教師は学生の進捗状況の把握および分析結果を知ることができます．

次のページに案内があります．
MATLAB Grader： https://jp.mathworks.com/help/matlabgrader/index.html
MATLAB Grader 製品ページ： https://jp.mathworks.com/products/matlab-grader.html

A2.2 教員が利用するための準備手順

順にこれらの手順を見ていきます.

1. **MATLAB Grader へのログイン**：
   https://grader.mathworks.com/

2. **MATLAB Grader を利用するための準備** （Get Started）：ビデオ，利用者（講師，学生）へのガイドなどが用意されています.

3. **コースの設定**：

   - 「**コースの作成**」：新規の場合には「**ADD COURSE**」を，既存の場合には「**コース名**」をクリック.

   - 「**課題 (Assignment) の設定**」：「**Create Assignment**」で課題の設定する. 新規の場合には「**ADD ASSIGNMENT**」を，既存の場合には「**アサインメント名**」をクリック.
     公開（Visible) 期間の指定は問題ごとではなく，Assignment ごとにここで指定する.
     課題提出回数を（Number of Submission で指定）制限できる.

   - 「**問題作成と模範解答の設定**」：問題作成と評価 (Assessments) のための模範答案作成を行うには「**ADD PROBLEM**」をクリック.「**Reference Solution**」に模範解答を記入. 学生からは閲覧できない.
     「**Learners Template**」に学生の解答を誘導する枝問などを記入することができる. Lock 機能があり，これを掛けたものは学習者の書き換え禁止.

   - 「**評価 (Assessment)**」各 Test 項目に評価項目を（テスト形式で）記入できる. たとえば，回答の「変数」が模範解答と一致しているか，「Function」もしくは「キーワード」が存在しているか等. **Pretest** にチェックマークを入れておけば，学生が事前にテスト項目を実行してそれが正答か誤答かを知ることができる.

- 「**Manage People**」：受講者あるいは共同開講の講師，TA を招待する．mail アドレスを記入．相手先にメールが届く．

以上が MATLAB Grader の概略です．

実際に使ってみることをお勧めします．すべての機能を使うのではなく，それぞれの方が好みの使い方を見つけてください．

実際に使用してみると，課題の与え方や答え方に規則があり，特に課題の与え方には注意が必要です．何でもできると考えずに，今後の MATLAB Grader の整備や機能拡張にも期待したいと思います．

また，MATLAB Grader を有効に使うためには，大学等で使用している学習管理システム（Learning Management System＝LMS）との連携が必要になります．既に MATLAB 側にはそのような機能が用意されていますので，これは各大学の課題です．

事項索引

コマンド索引

[著者略歴]

東京大学数理・情報教育研究センター特任教授，東京大学名誉教授，工学博士

1944 年 生まれ

1967 年 東京大学工学部卒業

1977 年 筑波大学助教授

1984 年 東京大学助教授

1990 年 東京大学教授

2007 年 東京大学大学総合教育研究センター特任教授

2017 年より現職

著　書：『大学数学のお作法と不作法』(近代科学社，2019)，『線形代数』(岩波書店，1996)，『常微分方程式』(共著，東京大学出版会，1981) など

MATLAB クイックスタート

数式処理から機械学習まで

2021 年 1 月 20 日　初　版

[検印廃止]

著　者　藤原毅夫
　　　　ふじわらたけお

発行所　一般財団法人 東京大学出版会

代表者 吉見俊哉

153-0041 東京都目黒区駒場 4-5-29
電話 03-6407-1069／FAX 03-6407-1991
振替 00160-6-59964

印刷所　大日本法令印刷株式会社
製本所　誠製本株式会社

ⓒ2021 Takeo FUJIWARA
ISBN 978-4-13-062459-6　Printed in Japan

Python によるプログラミング入門 東京大学教養学部テキスト アルゴリズムと情報科学の基礎を学ぶ	森畑明昌	A5 判/2,200 円
情報科学入門 Ruby を使って学ぶ	増原英彦 他	A5 判/2,500 円
MATLAB／Scilab で理解する数値計算	櫻井鉄也	A5 判/2,900 円
情報 第 2 版 東京大学教養学部テキスト	山口和紀 編	A5 判/1,900 円
コンピューティング科学 新版	川合 慧	A5 判/2,700 円
スパコンプログラミング入門 並列処理と MPI の学習	片桐孝洋	A5 判/3,200 円
並列プログラミング入門 サンプルプログラムで学ぶ OpenMP と OpenACC	片桐孝洋	A5 判/3,400 円
スパコンを知る その基礎から最新の動向まで	岩下武史・片桐孝洋・ 高橋大介	A5 判/2,900 円
ユビキタスでつくる情報社会基盤	坂村 健 編	A5 判/2,800 円

ここに表示された価格は本体価格です．御購入の
際には消費税が加算されますので御了承下さい．